小野勝士・有馬美耶子 編著
Masashi Ono & Miyako Arima

事例から学ぶ、事例でわかる

大学教職課程事務

複雑化・多様化に悩める
担当者のための必携ハンドブック

ナカニシヤ出版

はじめに

　本書は、これまでの書籍とは異なり、初めて大学教職課程事務を担当する方にもわかりやすいように、教職課程事務を事例とともに理解するという形式を採りました。本書の中心となる第1章、第2章においては、5つの事例を取り上げ、課題を解決するにあたり理解が必要となる用語や法令の解説を加える形式にしました。特に第2章の事例は、すでにいくつかの大学で大きな問題に発展しており、みなさんの大学でも起こりうる事例ですので、他の事例に比べ多くのページ数をさいて説明しています。しかし、第1章、第2章で取り扱った事例も日々の業務で遭遇するさまざまな事例のほんの1例にすぎません。

　そこで、さらなる事例に対応するための教職課程事務に関する知識、学び方などについて第3章以降で説明しています。共著者の有馬氏の視点から各章のタイトルや本文の説明もくだけた表現を随所に使っており、今までの教職課程事務に関する書籍とはおもむきの異なった内容となっています。

　また、第4章～第6章の「教職事務課程の極意」においては特に第5、6章で多くのページ数を割いて、2012年度以降の実地視察での指摘事項を類型化して掲載しています。本書のタイトルどおり、「事例から学ぶ」ということに力点を置き、可能な限り多くの事例を掲載しました。第7章では教職課程事務の理解に深くかかわる法令の読み方、知識獲得や情報収集の方法について紹介しました。

　この本を手にとられた時点で、すでに教職課程事務の複雑さに気づいておられる方がほとんどではないでしょうか。過去に単位を修得された方から、新たに教員免許状を取得したいという相談があった時に、何をよりどころにして対応すればよいか迷うことが多々あるでしょう。教務事務のなかでも教職課程事務は法令が複雑に絡み、改正が頻繁に行われている分野なのです。

　私は、入職2年目から4年目までを教職課程を統括する部署で過ごし、履修指導・教育実習・介護等体験・課程認定申請・変更届といった教職課程事務について一とおりの経験をしました。そこで教職課程事務の複雑さを経験し、このままの状況ではいけないと思い、異動後も独自で編集した資料を積み重ねて知識の継承につとめてきました。

　本書は、文部科学省から教育関係共同利用拠点として認定されている、名古屋大学の質保証を担う中核教職員能力開発拠点事業の一環として作成しました。各章で取り上げている内容は、名古屋大学高等教育研究センターのもとで活動している大学教務実践研究会の主催講習会「教務系職員初任者向け講習会」「教員免許事務担当者講習会」「教務課題検討フォーラム」や、同じく教育関係共同利用拠点として認定されている愛媛大学が主管大学として運営する四国地区大学教職員能力開発ネットワーク主催の「SPODフォーラム」をはじめとする教職課程事務の研修におけるテキストとしても活用できるように作成しています。

　本書の刊行にあたり、多くの方々にご協力いただきました。大学教務実践研究会のもとに設置されている、教職課程事務の研究に特化した「教員免許事務プロジェクト」の構成員からは本書の事例部分を中心にコメントをいただき、原稿のブラッシュアップに役立てることができました。その一部の方のお名前を巻末に記載しています。また、ナカニシヤ出版の米谷氏をはじめ編集スタッフのみなさんには編集やレイアウト、デザインにおいてお世話になりました。この場を借りてお礼申し上げます。

　本書が、全国の教務担当者との知見の共有に貢献できれば幸いです。

2024年4月16日

小野　勝士

本書の構成と使い方

■ 本書の構成・読み方

すでに教職課程事務において、一定の経験のある方や教職課程事務で遭遇する履修関係の事例のイメージをつかんでおきたい方は第1章から読み進めてください。

まったくの初任者でこれから教職課程事務を行うという方や、あらためて教職課程事務の全体像を知りたい方は、第5、6章の「教職課程事務の極意：実地視察での指摘事項から学ぶ」から読み進めるとよいでしょう。

本書を読み終えてさらに深く学びたい方は、巻末の参考書籍等の一覧をもとに知識・理解を深めることをお勧めします。

■ 法令等の略記

略称	法令等名
免許法	教育職員免許法
免許法施行規則	教育職員免許法施行規則
介護等体験特例法	小学校及び中学校の教諭の普通免許状授与に係る教育職員免許法の特例等に関する法律
介護等体験特例法施行規則	小学校及び中学校の教諭の普通免許状授与に係る教育職員免許法の特例等に関する法律施行規則
認定こども園法	就学前の子どもに関する教育、保育等の総合的な提供の推進に関する法律
認定基準	教職課程認定基準
ハンドブック解釈事例	教員養成・免許制度研究会編『教員免許ハンドブック1 法令・解説編』（第一法規、1991年）
免許状	教員免許状
手引き	「教職課程認定申請の手引き（教員の免許状授与の所要資格を得させるための大学の課程認定申請の手引き）（令和7年度開設用） ※過年度の「教職課程認定申請の手引き」を引用する場合は「手引き（平成○○年度改訂版）」と記載します。「手引き・本体△△頁」や「手引き・別冊□□頁」といった記載の場合は、令和7年度開設用の手引きを引用していることを示します。
教科に関する専門的事項に関する科目	平成10（1998）年改正免許法、昭和63（1988）年改正免許法下における「教科に関する科目」や昭和29（1954）年改正免許法下における「教科に関する専門科目」と同義です。
教職専門科目	「保育内容の指導法（情報機器及び教材の活用を含む。）」、「各教科の指導法（情報通信技術の活用を含む。）」、「教育の基礎的理解に関する科目」、「道徳、総合的な学習の時間等の指導法及び生徒指導、教育相談等に関する科目」（養護教諭・栄養教諭の場合：道徳、総合的な学習の時間等の内容及び生徒指導、教育相談等に関する科目）並びに「教育実践に関する科目」

■ 法令等の条文の表記

本文が横書きであることを踏まえ、原則として条・項は算用数字を使用し、条文の号は漢数字で表記しています。それに伴い、解釈事例や認定基準をはじめとする引用部分についても同じ取り扱いにしています。

なお、第5・6章の教職課程認定大学等実地視察による指摘事項の抜粋部分に含まれる条文番号については、指摘当時の条文番号としていますのでご注意ください。また、指摘当時の法令に基づく指摘事項のため、現在とは異なる状況もあります。

■ ウェブサイトの参照

令和6（2024）年4月14日時点で閲覧し、確認しています。

■ 元号に関わる和暦の記載

2019年4月までを「平成」、2019年5月以降を「令和」の元号で表記し、2019年度は「令和元年度」と表記しています。「手引き」の目次欄にも同様の記載があり、それにあわせています。

目　　次

■ 図表目次

■ 教職課程事務用語集

一般的包括的な内容　中学校・高等学校教諭免許状の「教科に関する専門的事項に関する科目」において修得が必要とされる内容。「課程認定審査の確認事項」2（1）に「その科目の学問領域をおおまかに網羅するものであること、特定の領域に偏っていないものであることとし、学生の科目履修の際に一般的包括的な内容が担保されるものであることとする。」と規定されている。

一種免許状　学士の学位を有することが要件とされる免許状（特別支援学校、養護教諭、栄養教諭には学位以外の要件がある）。

介護等体験　新たに小学校または中学校の免許状を取得しようとする場合に必要とされる7日間の介護等の体験。ただし別表第1に基づき、小学校または中学校の免許状を初めて取得する場合に限る。

学位プログラム　大学等において、学生に短期大学士・学士・修士・博士・専門職学位といった学位を取得させるにあたり、当該学位のレベルと分野に応じて達成すべき能力を明示し、それを修得させるように体系的に設計した教育プログラムのこと（中央教育審議会大学分科会大学分科会（第74回）配付資料3より）。

学力に関する証明書　基礎資格及び免許状取得に関係のある単位を証明する免許状申請用の証明書。免許状申請以外に他大学等への履修相談時に必要な証明書。

課程認定　文部科学大臣による、免許法別表第1、別表第2または別表第2の2に規定する科目の単位の修得に関する認定。教育課程、教育研究実施組織、教育実習並びに施設及び設備について、大学の課程が免許状授与の所要資格を得させるための課程として適当であることを、当該科目に係る免許状の種類ごとに認定する。中学校及び高等学校の教員の免許状にあっては免許教科の種類を、特別支援学校の教員の免許状にあっては特別支援教育領域の種類を含む。

課程認定委員会　初等中等教育分科会教員養成部会運営規則第2条に規定されている委員会。次に掲げる事項を部会に分担させるため設置されている。
① 教員免許状の授与の所要資格を得させるために適当と認める大学等の課程の認定の審査に関する事項
② 課程認定を受けた大学等への実地視察に関する事項
③ 課程認定を受けた大学等における課程の水準の維持及び向上に関する事項

課程認定審査の確認事項　課程認定委員会が策定した課程認定審査にあたっての確認事項。申請書作成にあたっては「認定基準」とあわせて確認する必要がある。

学科等の目的・性格と免許状との相当関係に関する審査基準　課程認定委員会が策定した認定基準2（5）に規定する、認定を受けようとする大学の学部、学科、課程、学校教育法第85条ただし書に規定する組織、学部等連係課程実施基本組織、学科連係課程実施学科、研究科、専攻、研究科等連係課程実施基本組織、その他学則で定める組織の目的・性格と免許状との相当関係に関する審査基準。

基礎資格　免許状の授与を受けるための学位等の基礎となる資格。課程認定大学で取得したのかどうかを問わない。

教育職員検定　別表第3～8に基づく免許状取得を行う際に実施される授与権者が行う検定。検定の内容は、受検者の人物、学力、実務及び身体に関する事項とされている。検定の方法は授与権者によって異なる。例えば身体に関する検定は、健康診断証明書でもって行うことが一般的である。

教育職員免許法施行規則第66条の6に定める科目　別表第1、別表第2、別表第2の2による免許状取得の際に必要な科目。①日本国憲法、②体育、③外国語コミュニケーション、④数理、データ活用及び人工知能に関する科目または情報機器の操作の4つの項目があり、各2単位の計8単位が必要である。

教員資格認定試験　教員の確保を図るため、広く一般社会に人材を求め、教員への道を開くために文部科学省が開催している試験。大学等における通常の教員養成のコースを歩んできたか否かを問わない。免許法に基づき、平成30（2018）年度から教員資格認定試験の実施に関する事務を教職員支援機構が行うこととなった。

教員免許状授与証明書　免許状の取得者であることを証明する証明書。免許状を授与した教育委員会以外では発行できない。卒業生から大学に対して発行依頼があるこ

とがあるが、大学で当該証明書を発行することはできない。

教職課程認定基準　教員養成部会が制定する課程認定を受けるのに必要な最低の基準。課程認定申請書作成にあたっては、「課程認定審査の確認事項」をあわせて確認しておく必要がある。

教職課程認定審査運営内規　教員の免許状授与の所要資格を得させるための大学の課程（教職課程）の認定審査の運営について定めた、教員養成部会決定による内規。

教職課程認定大学実地視察　教職課程認定大学実地視察規程（平成13年7月19日教員養成部会決定）に基づき、教職課程の認定を受けた大学について、認定時の課程の水準が維持され、その向上に努めているかどうかを確認することを目的に実施される視察。文部科学省のウェブサイト上でその結果が公開される。

教職実践演習　平成20（2008）年の免許法施行規則の改正により新設された教職専門科目。この科目を履修する者が教科に関する専門的事項に関する科目または領域に関する専門的事項に関する科目及び教職専門科目の履修状況を踏まえ、教員として必要な知識技能を修得したかどうかを確認することがねらいである。

教職指導　免許法施行規則第22条の4に規定されている取組。学生が教職についての理解を深め、教職への適性について考察するとともに、各科目の履修等を通して、主体的に教員として必要な資質能力を統合・形成していくことができるよう指導する。課程認定大学が、教職課程の全期間を通じて継続的・計画的に行う指導・助言・援助の総

体、即ち教科と教職の有機的統合や、理論と実践の融合に向けての組織的な取組を指す。

子ども・子育て支援新制度　平成24（2012）年8月に成立した子ども・子育て関連3法「子ども・子育て支援法」「認定こども園法の一部改正」「子ども・子育て支援法及び認定こども園法の一部改正法の施行に伴う関係法律の整備等に関する法律」に基づく制度。

所要資格　基礎資格と各別表の第三欄の単位を満たした状態。

中央教育審議会　中央省庁等改革の一環として、従来の中央教育審議会を母体としつつ、生涯学習審議会、理科教育及び産業教育審議会、教育課程審議会、教育職員養成審議会、大学審議会、保健体育審議会の機能を整理・統合して、平成13（2001）年1月6日付けで文部科学省に設置された。

・主な所掌事務

① 文部科学大臣の諮問に応じて教育の振興及び生涯学習の推進を中核とした豊かな人間性を備えた創造的な人材の育成に関する重要事項を調査審議し、文部科学大臣に意見を述べること。

② 文部科学大臣の諮問に応じて生涯学習に係る機会の整備に関する重要事項を調査審議し、文部科学大臣又は関係行政機関の長に意見を述べること。

③ 法令の規定に基づき審議会の権限に属させられた事項を処理すること。

・構成

教育制度分科会、生涯学習分科会、初等中等教育分科会、大学分科会の4つの分科会が設置されている（審議会及び分科会には、必要に応じて部会

を設置）。

認定課程　文部科学大臣が中央教育審議会に諮問して、免許状の授与の所要資格を得させるために適当と認める課程。

認定こども園　教育・保育を一体的に行う施設で、幼稚園と保育所の両方の良さをあわせ持っている施設。

変更届　課程認定を受けた後、認定課程に変更事項が生じた場合に提出する届。「教育課程の変更届」「学科等の名称変更届」「学科等の入学定員変更届」の3つを総称した呼び名。変更届というと「教育課程の変更届」を指すことが多い。

保育教諭　幼保連携型認定こども園に必置の職員。幼稚園教諭免許状と保育士資格の両方の免許・資格を有することが原則である。平成27（2015）年4月1日から令和7（2025）年3月31日の間は、幼稚園教諭免許状または保育士資格のどちらか一方の免許・資格を有していれば保育教諭になることができる。

幼保連携型認定こども園　幼稚園的機能と保育所的機能の両方の機能をあわせ持つ単一の施設として、認定こども園としての機能を果たす。

履修カルテ　日常の教職指導や教職実践演習を履修する際に必要となる履修記録。教職実践演習の実施にあたり、担当教員が学生の履修状況を把握し、教職実践演習の進め方についての参考とする。また、個別の補完的な指導等にも活用できる。

第1章

最恐の教職課程事務【1】

みんな色々ありました

　第1章、第2章では、免許状の申請方法、他学科受講、新法・旧法・旧々法、免許法施行規則第66条の6に定める科目、一般的包括的内容を含む科目といった、教職課程事務でよく耳にする言葉を事例の解説を読むなかで理解できるよう、5つの事例で解説しました。事例5については説明すべき内容が多岐にわたるため第2章として章を分けています。各事例の内容を簡潔にまとめると次のとおりです。

　事例1（第1章1節）
　卒業年次に免許状取得見込みがないことが発覚した場合の対応
　事例2（第1章2節）
　複数の授業科目で1つの科目区分の一般的包括的な内容を含む科目を構成する場合の注意点
　事例3（第1章3節）
　一括申請期間中の個人申請の条件
　事例4（第1章4節）
　所要資格を満たしているものの免許法施行規則第66条の6に定める科目の単位が未修得の場合の対応
　事例5（第2章）
　法定最低修得単位数と大学が定める最低修得単位数に差がある場合の注意点

　これらの事例についての解説を読むことで、免許状取得にいたるまでの履修に関する知識を修得できるでしょう。しかし、これらの知識だけで教職課程事務に関してすべての事例に対応できるわけではありません。第3章以降の解説をもとに、教職課程事務の歩き方、極意、学び方を理解し、第1章、第2章でとりあげた事例以外について主体的に判断できるように本書を活用してください。

1　事例1：単位が足りないってばさ（取れて当たり前の教員免許）

1-1　事例紹介：まさかの「日本国憲法」が足りなかった話

　9月初旬、教務課で教職課程事務を担当しているAさんは、今年度の大学一括申請のための準備に取り掛かったところ、「日本国憲法」を履修していない学生（4年生）が1名いることに気づいた。おりしもこの年に限り、「日本国憲法」は前期のみ開講であったため、後期に履修登録すれば済むという状況ではなかった。

　Aさんは毎年、学年ごとに教職ガイダンスを行い、履修指導も行っている。「日本国憲法」などの教養科目は、1、2年生のうちに履修する学生がほとんどである。しかしながら該当の学生は、過去に「日本国憲法」を履修登録した形跡がないまま、4年生に達していた。

　すぐさまキャリア支援課へ連絡し、該当学生の就職活動状況について問い合わせると、第一志望が教員であり、教員採用試験の合格発表待ちとのことであった。これは一刻を争う事態である。該当の学生へ連絡したところ、免許法施行規則第66条の6の「日本国憲法」を履修しなくてはならないという認識がなかった。

Ａさんは当該学生に次のことを伝えた。

①現時点で後期登録できる「日本国憲法」は本学にない。
②本学において「日本国憲法」は卒業要件科目ではないため、現在の登録で卒業見込みはある。
③他大学の通信課程等で後期中に「日本国憲法」を修得することができれば、自大学で修得した単位と合算して個人申請で免許状が申請可能である。

その後、学生はＡさんのアドバイスどおり、他大学の通信課程で科目等履修生となり、「日本国憲法」の単位を修得し、無事に個人申請で免許状を取得することができた。キャリア支援課によると、4月から教職に就くことになったとうれしそうに当該学生から連絡があったそうだ。

しかし、これは、機転を利かせた教職担当者のおかげで、見事に免許取得を果たすことができたというハッピーエンドの話ではない。該当学生に連絡したあの日、ひととおり丁寧に説明を終えたＡさんに発された言葉は「どうして、前期の履修登録のときに、不足していることを教えてくれなかったんですか？」という痛烈な批判であった。単位の管理について、学生の責任において行うということは、入学当初から何度となく伝えられてきたことである。その基本さえ身についていない学生は、果たして大学の求める教員像を備えた学生といえるのだろうか。

一方で、教職課程の履修方法は、卒業要件に比べて複雑であるし、面倒見のよい大学を求める世間一般の要望もある。とは言え、幼児・児童・生徒を導き育てながら、自らもまた成長する必要がある職に就く学生に対して、手取り足取りサポートしなければならないのかということも、また疑問が残るところである。

あの日からＡさんは履修指導の方法やガイダンス内容について見直しをたびたび図ってはいる。初年度から教職課程履修者すべての単位を逐一チェックし、誤りがあればその度、指摘して修正させるやり方もあるが、それが正しい方法なのか、考えあぐねている。

「面倒見の良い大学」と「教員養成における履修指導」とのはざまで未だ悩み続けているＡさんであった。

1-2　免許状の申請方法

教職課程事務の担当になると、「大学一括申請」という言葉をよく耳にするでしょう。免許状の申請には「大学一括申請」以外にどのような申請方法があるのでしょうか。ご存知でない方もおられると思います。免許状の申請は、申請者本人が都道府県教育委員会（以下「教育委員会」という）に出向いて申請を行う「個人申請」が原則です。「大学一括申請」というのはじつは例外的な申請方法なのです。

大学一括申請とは、翌年3月に卒業・修了予定の学生を対象に、大学が各個人の申請書類を取りまとめて免許状の申請を代行する申請方法です。個人申請であっても大学一括申請であっても免許状の効力に違いはありません。簡単に説明すると、教育委員会に書類を提出するのが誰なのかという申請方法の違いといえます。

免許状の取得要件として、学士や修士等の学位の取得が要件とされているため（栄養教諭においては管理栄養士または栄養士の免許も有するなど、学位以外の要件も必要です）、免許状取得に必要な単位を修得した上で、卒業・修了により、免許状の取得要件を満たすことになります。

一方、3月の学位記授与式後に取得要件を満たした学生の大多数が教育委員会に免許状申請手続きを行うとなると、大学は学力に関する証明書の発行を大量に受け付けることになり、作成する大学事務室には大きな負担がかかります。また、免許状申請を受け付ける教育委員会にも、長蛇の列ができてしまいます。特に発行件数の多い教育委員会は、年度末に数万件の免許状申請を受け付けることになるため、

申請を年度末までに実務的に処理することは不可能でしょう。

　そのため、免許状の取得を前提に大学と教育委員会の間であらかじめ免許状発行に向けた準備を行い、学位記授与式後に大学を介して、即日授与するという便宜上の措置として、大学一括申請という申請方法があるのです。大学一括申請の準備は、早い都道府県では、卒業・修了年度の 7 月から始まります。大多数の学生は、学力に関する証明書の取得や教育委員会へ出向くという手間と時間の面を考え、合理的な大学一括申請を選択しています。

　なお、大学一括申請の対象者としては、申請年度に卒業・修了見込みでかつ、申請大学において免許状取得に関して必要なすべての単位を修得見込みであることが条件です。複数大学にまたがって免許状取得に関する単位を修得している者については個人申請となるでしょう（一部の例外はあります）。ただし、編転入の手続きにより申請大学の単位として認定している場合は、1 大学において修得した者として扱われ、大学一括申請の対象となります。

　過去の文部科学省による実地視察においても、在学生の免許状申請については、大学一括申請を活用するよう指導しています。

■ 実地視察での指摘事項

　○　教員免許状の授与申請について、学生の個人申請に任せるのではなく、大学として教育委員会による
　　大学一括申請の制度を活用するよう努めて頂きたい。

　「はじめに」に記載しましたが、本書のタイトルにある「事例から学ぶ」という名のとおり、さまざまな事例を随所に入れています。特に第 5、6 章の「実地視察での指摘事項から学ぶ」では、過去 10 年分の実地視察での指摘事項をカテゴリーにわけて収録しています。「実地視察」の正式名称は「教職課程認定大学等実地視察」といいます。通常は毎年、数校から数 10 もの大学で実施されており、その実施視察報告書は文部科学省ウェブサイト上にて公表されています[1]。

　実地視察は、教職課程認定大学実地視察規程（平成 13 年 7 月 19 日教員養成部会決定）に基づいて実施されています。教職課程の認定を受けた大学について、認定時の課程の水準が維持され、その向上に努めているかどうかを確認することが目的です。

　この報告書の指摘事項は自大学にもあてはまることも多いでしょう。他の大学が指摘された内容を、どれだけ自分ごととしてとらえることができるでしょうか。この節で紹介した大学一括申請についての指摘事例はほんの 1 例ですが、このように事例に触れ、知識を増やしていきましょう。

1-3　免許法施行規則第 66 条の 6 に定める科目
　大学の教職課程において免許状を取得するにあたり、すべての免許種（幼稚園教諭・小学校教諭・中学校教諭・高等学校教諭・特別支援学校教諭・養護教諭・栄養教諭）において免許法施行規則第 66 条の 6 に定める科目の修得が必要となっています。

▼免許法別表第 1 備考第 4 号
　四　この表の規定により幼稚園、小学校、中学校若しくは高等学校の教諭の専修免許状若しくは一種
　　　免許状又は幼稚園、小学校若しくは中学校の教諭の二種免許状の授与を受けようとする者について

---

1) https://www.mext.go.jp/a_menu/shotou/kyoin/menkyo/shisatu.htm （文部科学省ウェブサイトトップ > 教育 > 教員の免許、採用、人事、研修等 > 大学が教職課程を設けるには > 課程認定大学等実地視察について）

は、特に必要なものとして文部科学省令で定める科目の単位を大学又は文部科学大臣の指定する教員養成機関において修得していることを要するものとする（別表第２及び別表第２の２の場合においても同様とする。）。

　別表第２は養護教諭、別表第２の２は栄養教諭の免許状の取得方法を規定している表です。
　免許状を取得するにあたっては、別表に示されている教職専門科目や教科に関する専門的事項に関する科目等の単位とは別途、文部科学省令で定める科目の単位の修得が必要と規定されています。その文部科学省令で定める科目の単位が、免許法施行規則第66条の6に定める科目となっています。

▼免許法施行規則第66条の6
第66条の6　免許法別表第1備考第四号に規定する文部科学省令で定める科目の単位は、日本国憲法2単位、体育2単位、外国語コミュニケーション2単位並びに数理、データ活用及び人工知能に関する科目2単位又は情報機器の操作2単位とする。

　条文に示されているとおり、4項目（①日本国憲法、②体育、③外国語コミュニケーション、④数理、データ活用及び人工知能に関する科目又は情報機器の操作）8単位の修得が必要となります。多くの大学では教養科目として開設され、低年次で開講されているでしょう。

1-4　在学中に他大学の科目等履修生となって単位を修得することができる
　教職課程の単位修得を所属学科等において完結しなければならないという規定はありません。大学内でそのように規定していない限り、学科や学部をまたがったり、事例1のように大学をまたがって必要単位を修得することは妨げられていません。

▼免許法別表第1備考第5号
五　第三欄に定める科目の単位は、次のいずれかに該当するものでなければならない（別表第2及び別表第2の2の場合においても同様とする。）。
　イ　文部科学大臣が第16条の3第3項の政令で定める審議会等に諮問して免許状の授与の所要資格を得させるために適当と認める課程（以下「認定課程」という。）において修得したもの
　ロ　《略》

　第三欄に定める科目とは「教科及び教職に関する科目」「特別支援教育に関する科目」「養護及び教職に関する科目」「栄養に係る教育及び教職に関する科目」を指します。なお、免許法施行規則第66条の6に定める科目は含まれません。
　この条文は、第三欄に定める科目について、課程認定を受けた課程（＝学科等）において修得しなければならないということを規定しています。したがって、免許法上は、学位等の基礎資格を取得したうえで、課程認定を受けた課程にて単位を修得し、免許法施行規則第66条の6に定める科目の修得や介護等体験（小中の免許状取得に限る）の実施という授与要件を満たせば免許状を取得できるということになるでしょう。
　つまり、必要な単位を揃えていれば、学生がどこの学科等に所属していても、所属学科等で認定を受けていない学校種（教科）の免許状を取得することは法令上可能となります。このことは古くは平成2年7月20日付けの教職員課長通知「新免許基準による教員免許状の授与の手続き等について（通知）」にて次のように周知されています。

▼ 「新免許基準による教員免許状の授与の手続き等について」平成2年7月20日教職員課長通知

三　いわゆる他学科聴講の取り扱いについて

　大学に在学中の者が、いわゆる他学科聴講により、当該者の所属する学科が認定を受けている免許状以外の免許状の授与を受けるために必要な専門教育科目の単位を修得した場合（例えば、英語についての中学校教諭一種免許状の課程認定を受けている英文学科所属の学生が、国語についての中学校教諭一種免許状の課程認定を受けている国文学科において、国語についての免許状の授与を受けるために必要な専門教育科目の単位を修得した場合。）は、従来から、単位修得を行った当該他学科が認定を受けている免許状についても取得できる取り扱いとなっているが、今後とも同様の取り扱いとすること。

　最近の文部科学省から出されている資料では、平成23年度教職課程認定に関する事務担当者説明会（平成23年3月23日開催）資料「事前質問への回答（法令解釈に係るものを除く）及び訂正」にて次のとおり示されています。

○他学科聴講（平成23年度教職課程認定に関する事務担当者説明会資料）

Q　他学科の学生が教職課程を履修する場合においても、相当関係を求めることとなるのか。

A

　○ 学科等の目的・性格と免許教科との相当関係は、当該学科に教職課程を置こうとする場合に課題となるものです。

　○ 一方で、学生によっては、科目等履修などによって、教職課程の単位を修得することも予想されますが、このような学生個人の履修方法についてまで、相当関係の観点から指摘することはありません。

　○ このような学生については、教員として必要な知識技能を身につけることができるよう、各大学において、適切な履修指導をお願いします。

　このように、他学科での受講が法令上は可能であるものの、無制限に認めることについては問題があるでしょう。このことに関しては、実地視察での指摘事項において次のように述べられています。

■ 実地視察での指摘事項

　○ 教職課程は、各学科等の目的・性格と免許状との相当関係について審査の上、その学科等において免許状の教科等の専門性が担保されることが確認されて初めて認定されるものである。

　　このような課程認定制度の趣旨を踏まえると、課程認定を受けていない免許状についてまで、他学科等の科目を履修することによって取得可能であることを大学案内において説明することは、大学の義務である「体系的な教育課程の編成」（教育職員免許法施行規則第22条）及び努力義務である「学生に対する適切な教職指導」（同規則第22条の2）の趣旨を没却する恐れが高いことから、記載内容を改善した上で、文部科学省に報告をすること。

　これは1つの指摘事例ですが、多くの大学でも同様の指摘を受けています。詳細は137頁において紹介していますのでそちらを参照してください。要するに免許状を取得する正規のルートとして他学科受講を公然と認めていることについての指摘にあたります。所属学科等での専門科目の履修により、認定を受けている学校種（教科等）の専門性が高まるのです。他学科でつまみ食いのように免許状取得に関わる単位だけ修得して免許状を取得していると、取得しようとする免許状の学校種（教科）の専門性を

高めることができないとしているわけです。

　ただし、法令上は他学科で履修して免許状を取得することは可能です。先に挙げた平成23年度教職課程認定に関する事務担当者説明会資料に記載のある「教員として必要な知識技能を身につけることができるよう、各大学において、適切な履修指導」ができるかどうかがポイントでしょう。あくまで限定的な条件を付して認めるという形を大学内部でとるべきです。あたかも制度的に保障されているように入学案内誌やウェブサイトで周知することは、実地視察での指摘事項のとおり認められるものではないと認識しなければなりません。教職課程の質の向上を目指すという姿勢から、免許状取得のための他学科受講を認めないという学内の判断もあります。

　他学科受講により免許状取得を行う場合、文部科学省や教育委員会に届出等手続きが必要かという問い合わせを受けることがあります。実際にはそのような手続きはありません。

　事例1においては、免許法施行規則第66条の6に定める科目が自大学で後期に開講されてないという状況です。免許法施行規則第66条の6に定める科目は免許種を問わず、開講されている大学において単位を修得することができれば問題ありません。本人が他大学にて履修したいということであれば、必要に応じて助言するなどのサポートを可能な範囲で行うという姿勢で対応するとよいでしょう。

1-5　免許状取得見込みの確認を大学が行うべきか

　免許状取得見込みの確認については、大学の提供する役務の一環として行っておくのが無難でしょう。不足単位の未登録を指摘しなかったことに対して、大学の不作為による不法行為であると訴えがあった場合、大学が不利な立場になってしまうからです。学生の自己責任と大学のサービスのバランスについて学内で検討しておく必要があるでしょう。

　履修登録の手続き漏れを指摘する際には、単に登録内容を修正させるだけでなく、教員を目指しているのなら、採用後は手続き漏れを指摘する側になることを伝えます。そうすることで、自分のしたミスが与える影響について考える機会にできるのではないでしょうか。

2　事例2：ここが怖いよ教職課程事務（一般的包括的な内容を含む科目の罠）

2-1　事例紹介：一般的包括的な内容を含む科目の一部を履修し忘れた話

　金曜日の昼下がり。教職課程の責任者であるS教員が事務課にやってきた。中国語の専修免許課程を履修中の大学院生（以下、院生B）から、在籍中に何とか英語の中学校教諭免許状を取得できないかと相談を受けたとのことだった。

　院生Bは学生として大学に在籍しながら、学部時代に取得した中国語の中学校一種免許状で私立中学校の非常勤講師をしている。勤務先の校長から、二種免許状でもかまわないので英語の免許を取得すれば、大学院修了と共に正規教員として迎えたいという申し出があったため、英語の中学校教諭免許状をぜひとも取得したいという強い希望を持っているらしい。

　この大学では、大学院生が学部聴講を行い、中高一種免許状取得に必要な科目の履修を行うことは妨げていない。ただし在籍する修士課程にて認定を受けている専修免許状の教科と同一の教科の一種免許状のみであり、教科をまたぐことは認めていない。とはいえ、すでに他教科の中高免を取得済みの学生にとっては、英語の教科及び教科の指導法に関する科目のみ履修すれば、英語の免許状を取得することは可能である。

　「二種免許状であれば、残り1年間で履修可能ですよね。」と教員Sはたたみかけてくるように言う。相談を受けたMさんは思った。そもそも大学として制度を設けてないので、現段階では無理な相談で

ある。現実的に考えても本学は一種免許状を念頭においたカリキュラム構成であるし、二種免許状だからといって法定単位数ギリギリまで履修単位を削れるわけではない。イレギュラーな学生の履修指導には注意を払うのは当然だが、現状ではそれに張り付ける人員の余裕もない。Ｍさんは、「大学としてそのような制度がないこと」「必修科目を他学科に開放していないこと」「一種免許状を念頭においたカリキュラム構成のため、二種免許状だからといってギリギリまで単位数を削れるとは限らないこと」を丁寧に説明し、「急ぐのであれば、他大学の通信課程で履修することをおすすめします」と答えた。Ｓ教員は「でも、うちの場合、大学院生の学部聴講は別途履修費用がかからないでしょう。他大学で高い授業料を払わせて通わせるのは忍びないな」と言いながら帰っていった。Ｍさんはため息をついた。確かにこの大学では、大学院生の学部聴講なら履修費などを別途請求することはない。ただ、それにかかる費用が無料なわけではない。該当者が少ないため、大学が負担しているだけだ。

　それから数日後、Ｍさんは教職課程の定例会議で驚くことになる。会議の審議事項に「大学院生における教職課程履修に関する特例事案について」という何とも意味深な議題あったのだ。嫌な予感がする。案の定、先日の院生Ｂのことであった。Ｓ教員は、経緯を説明し、今回だけは特例として認めてほしい、履修指導は自分が責任を持って行い、個人申請に至るまで事務課の手を煩わせないことを力説した。それに続き、院生Ｂの所属専攻教員や中一種免（英語）の課程認定を持つ学科の教員まで、その対応が学生のためになると後押しした。

　なるほど。もう裏では話をつけているのかとＭさんは思った。決定権を持たない事務局が定例会議において反対する術はない。ほどなくして「特例」は認められた。Ｓ教員は院生Ｂに非常に感謝された。

　それから約１年後、個人申請時に滞りがないよう早めにＭさんは「学力に関する証明書」の準備に取り掛かって、青ざめた。

　「先生、英語コミュニケーションの一般的包括的な内容を含む科目が一部不足しています。これはどういうことでしょうか」。

　Ｓ教員は何が起こったか理解していない様子だった。彼は知らなかったのである。二種であろうと「一般的包括的な内容を含む科目」は設置したとおりにすべてを修得しなければならないことを。

2-2　大学院在学中に一種免許状を取得する方法

　一般的に、研究科の基礎となる学部に一種免許状の課程が設置されています。そうした場合、大学院生は学部の科目等履修生（大学として学生の身分の設定はさまざまですが、ここでは科目等履修生と統一します）として教職関係科目を履修します。

　この事例のように、専修免許状の教科と異なる一種免許状の教科の場合、学部の科目等履修を認めていない場合もあればそうでない場合もあります。そこは法令に規定されていないことですので、大学の裁量事項となるでしょう。

　取得したい教科が学内のどこかの学科にあるのであれば、わざわざ他大学の通信教育課程で受講させる必要はないでしょう。ただし受講させない合理的な理由があり、かつその理由を学生が納得できる内容であればその限りではありません。

2-3　一種免許状の課程で二種免許状を取得する

　中学校の一種免許状を取得する場合、多くの大学では、教科に関する専門的事項に関する科目について、20単位の修得を必要とする設定にしています。しかし、免許法施行規則には20単位必要と明示された記載はなく、教科及び教科の指導法に関する科目で28単位必要と示されているのみです。これは各教科の指導法に関する科目に最低8単位の修得が必要なため（免許法施行規則第4条第1項表備考第

表1-1　ある大学の英語の一般的包括的内容を含む科目

科目区分	授業科目名	単位
英語学	英語学概論 A	2
	英語学概論 B	2
英語文学	英語圏文学概論 A	2
	英語圏文学概論 B	2
英語コミュニケーション	リスニング A	1
	リスニング B	1
	リーディング A	1
	リーディング B	1
	ライティング A	1
	ライティング B	1
	英会話 A	1
	英会話 B	1
異文化理解	異文化理解 A	2
	異文化理解 B	2

6号）、28 ひく 8 で教科に関する専門的事項に関する科目の最低限必要な単位数を 20 単位としているのです。ただし、各教科の指導法に関する科目を 10 単位必修と設定されている大学では、教科に関する専門的事項に関する科目は 28 ひく 10 で 18 単位ということになります。

　中学校の二種免許状を取得する場合、教科に関する専門的事項に関する科目の必要修得単位は 10 単位に設定されています。こちらも同様に免許法施行規則には 10 単位必要と明示された記載はありません。免許法施行規則には教科及び教科の指導法に関する科目で 12 単位必要と示されているのみです。各教科の指導法に関する科目は 2 単位の修得が必要なため（免許法施行規則第 4 条第 1 項表備考第 6 号）、12 ひく 2 で教科に関する専門的事項に関する科目に最低限必要な単位数は 10 単位となります。ただし、各教科の指導法に関する科目を 4 単位必修としている大学では、教科に関する専門的事項に関する科目は 12 ひく 4 で 8 単位となるでしょう。

　したがって、以降の説明では各教科の指導法に関する科目を 2 単位とし、教科に関する専門的事項に関する科目の最低修得単位を 10 単位としていることを前提に説明をします。ここで思い違いをしてはいけないことは、教科に関する専門的事項に関する科目の総修得単位数が 10 単位あればよいと考えてしまうことです。中高の教科に関する専門的事項に関する科目の単位修得にあたっては、例えば英語であれば、英語学、英語文学、英語コミュニケーション、異文化理解という 4 つの科目区分がありますが、それぞれの科目区分において、一般的包括的内容を含み 1 単位以上、合計 10 単位の修得が必要です（免許法施行規則第 4 条第 1 項表備考第 1 号・第 2 号）。

　この一般的包括的内容を含む科目（必修科目）の単位数だけで 10 単位を超えることがよくあります。次のように一般的包括的内容を含む科目（必修科目）を設定するカリキュラムの場合です。

　表 1-1 の科目はすべて一般的包括的内容を含む科目のため、修得しなければなりません。このカリキュラムの場合、一般的包括的内容を含む科目だけで 20 単位必要ですので、結局、二種免許状に必要な 10 単位を超えるということになるのです。

2-4　一般的包括的内容を含む科目

　一般的包括的内容の定義については、文部科学省が事務所管する課程認定委員会が定める課程認定審査の確認事項の 2（1）に、「その科目の学問領域をおおまかに網羅するものであること、特定の領域に偏っていないものであることとし、学生の科目履修の際に一般的包括的な内容が担保されるもの」と定義されています。

▼課程認定審査の確認事項
2　教育課程関係
（1）施行規則第 4 条第 1 項表備考第 2 号に規定する「一般的包括的な内容」とは、その科目の学問領域をおおまかに網羅するものであること、特定の領域に偏っていないものであることとし、学生の科目履修の際に一般的包括的な内容が担保されるものであることとする。

⇒第4条第1項表備考第2号
前号に掲げる教科に関する専門的事項は、一般的包括的な内容を含むものでなければならない（次条第1項の表の場合においても同様とする。）。

○手引き別冊（23頁）
Q　施行規則及び教職課程認定基準において、中学校教諭及び高等学校教諭の教職課程における「教科に関する専門的事項」の科目区分では一般的包括的な内容を含むものでなければならないとされているが、一般的包括的な内容となっているかどうかをどのように確認すればよいか。
A　一般的包括的な内容を一概に示すことはできないが、その科目の学問領域をおおまかに網羅するものであり、特定の領域に偏っていない内容を指す。例えば、中学校の社会の教職課程の「地理学（地誌を含む。）」の区分であれば、自然地理学、人文地理学及び地誌学について、それぞれ偏りなく学修することが必要である。一般的包括的な内容となっているかどうかは、学習指導要領も参考にして、学習内容に偏りがないかどうかを確認すること。（学習内容を中学校及び高等学校のレベルに合わせるということではなく、分野の目安として参考にすること。）

　英語文学という科目区分であれば、英語の文学全般について知識を修得できる内容の科目構成にしないと一般的包括的内容とはいえません。イギリス文学やアメリカ文学しか扱っていないと一般的包括的とはいえないでしょう。英語圏全般に関する内容を扱うことによって一般的包括的内容となるわけです。今回の例における科目区分・英語文学では、英語圏文学概論Aと英語圏文学概論Bの2科目を必修にしていますので、A・Bの2科目の単位を修得して初めて科目区分・英語文学の一般的包括的内容を修得したということになります。AのみBの片方では、一般的包括的な内容をおおまかに網羅したことにはなりませんので注意が必要です。

2-5　履修指導

　教員が責任をもって履修指導にあたったにもかかわらず、事例2のような事態に陥りました。やはり特例的な履修をする場合は、最終的に学力に関する証明書を発行する事務担当者が、漏れがないかどうか、履修計画の確認をしておくべきでしょう。こういった特別な事例については、事務職員も協働して対応にあたり、経過の記録をきちんと残しておく必要があります。
　まったく同じようなことが生じるわけではないでしょうが、今後も同様の事例が生じたときの参考になるはずです。

3　事例3：四面楚歌だよ教職課程事務（後工程は辛いよ）

3-1　事例紹介：成績誤認で大ピンチになった話

　立春とは名ばかりで、今朝は一段と寒い。きっと夜はもっと寒くなるのだろう。足取りは一段と重くなるような気がした。教職担当になって早3年だが、この時期はずっと憂鬱だ。免許状の大学一括申請期間というのもあるが、おそらく課内の「無理解」もしくは「温度差」というものが、年を追うごとに自分に圧し掛かっているせいだと苦々しく思った。
　課内に入ると「もう、本当に大変です」といわんばかりに忙しなく成績表の束をめくる音が聞こえてくる。卒業判定の単位チェックをしているのだ。「このご時世に手動の単位チェックお疲れ様です」

とCさんは心の中で悪態をついた。最新の教務システムに入れ替えたのは、最近のことではないのに、未だそのシステムのチェック機能を使わず、成績表を印刷して、それを目視で1枚1枚チェックするという昔ながらの方法を用いている。「システムのチェック機能よりも、やはり人がきちんと見ないと危険でしょう。卒業に関わる一大事だもの、そこは手を抜かない！」などと豪語しているが、やり方を変えてミスが起こるのが怖いのと、新しいことを行うのがおっくうなだけである。

　ちなみに、免許取得に必要な単位のチェックは、入れ替え当初からシステムの機能を使っている。移行期間は設定ミスなどに細心の注意を払う必要があったが、繰り返し使用してきたので、現在は精度も高い。そもそもＹ大学の一括申請は、所属する東京都教育委員会が提供するシステムを利用しなければならないのだ。印刷して目視で……なんてやっていたらとても間に合わない。学内で日程調整して対応できる内容であればよいのだが、授与権者が外部の機関である免許状となれば、そうはいかない。常にスピードと正確さを求められ、少しのミスが命取りだ。

　Ｃさんは昨日、アップロードしておいたデータが正常に処理されているのを確認しながら、ほっと胸をなでおろした。どうやら今年も順調に申請を終えられそうだ。あとは午後の卒業判定会議後に、卒業延期となった学生のデータを削除して、システムに最後のアップロードをするだけである。

　その日、審査日を順調に乗り越えたＣさんの心は少し軽くなっていた。そんなわけだから「成績変更」という連絡が入ったときは、心臓が口から飛び出すのではないかと思うほどの衝撃を受けた。そもそも卒業判定会議後に成績変更なんて、そうそう起こることではないからだ。

　課長の説明によると、卒業判定の単位チェックの際、記載ミスがあり、本来であれば卒業可能なはずの学生の必修科目の成績が大学側のミスで不可になっていたというのである。しかも、記載ミスの原因は、印刷がもったいないという理由で、前期にチェックした成績表を流用したことにあった。消し忘れの中間成績を職員が見誤ったという、何ともお粗末な結果なのである。

　東京都の大学一括申請システムのデータは一度削除した学生のデータを復活させることはできない。対象の学生はすでに認定こども園に内定しており、幼稚園教諭免許が必要である。なんとしても個人申請で間に合わせなくてはならない。Ｃさんは、一刻を争う事態として、該当の学生Ｄ（以下Ｄさん）とその保護者に謝罪と事情説明を行い、個人申請を促すことにした。

　大学一括申請期間中は、個人申請受付停止期間としている教育委員会が多いが、国公私立学校に教員として採用内定のある者のみ、受付停止期間中も個人申請が可能となる。しかしながら、大学側は成績が確定してからでないと個人申請に必要な「学力に関する証明書」を発行できない（大抵は学位記授与式の日に発行となる）。申請者は、非常に短い期間で個人申請を行わなければならないのである。

　ただでさえピンチであるにもかかわらず、ついてないときは、とことんついてないものだ。Ｄさんの申請する県の教育委員会は、「認定こども園」は保育士資格で足りるとして、幼稚園教諭免許状の個人申請の必要性がないと申請を拒んできたのである（Ｄさんは同時に保育士資格も取得していた）。ＣさんはＤさんの内定先である「認定こども園」に問い合わせ、事情を説明し、個人申請のために授与権者の教育委員会への説明協力を求めた。また同時に、「認定こども園」の管轄となっている市の教育委員会にも幼稚園教諭免許が必要である旨を確認し、個人申請への協力を求めた。

　もちろんすべては大学のミスであり、Ｄさんに落ち度はない。そのことを関係機関それぞれに説明し、謝罪をしながら、奔走すること一週間、授与権者の教育委員会が納得して、個人申請が可能となったのだ。Ｃさんは一先ず安心したが、全く落ち度のない学生に多くの心配事を負わせてしまったことにひどく後悔した。せめて今後は決してこのようなことを起こらないように再発防止に努めなければならないと強く思った。

　Ｃさんは事の顛末を課長へ報告に行った。もちろんあわせて再発防止策についても言及するためだ。課長はちょうど学位記の作業で別室にいた。Ｙ大学の学位記の氏名は教務課長の手書きなのであ

る。課長は、硯に墨をすって 1 枚 1 枚、ていねいに毛筆筆耕をする。多くの教務課職員は「字も綺麗だし、心がこもっている」と絶賛している学位記である。

「徒然なるままに日暮し、硯に向かいて……」という徒然草の冒頭がなぜか C さんの脳裏には浮かんでは消えた。それと同時に「学位記を書いてる暇があれば、再発防止策なり、単位のダブルチェックなり、他にやることあるだろうに」と自分の心の声がささやくのが聞こえた。

「そう、よかったね。何とかなったみたいで」と説明を聞いた課長はうれしそうに答えた。さらに「人間のやることだからね、間違いは必ず起きるものだからね」とも付け加えてきた。

徒然草の冒頭の最後はこうである。
「あやしうこそものぐるほしけれ（異常なほど、狂おしい気持ちになるものだ）」

思わず C さんは課長に向かって叫んだ。
「何とかなんて、なってないですよ！ これは「たまたま」なんかじゃない。起こるべくして起こったミスでしょう」。

3-2　大学一括申請の流れ（東京都の場合）
本項については本書 49 頁を参照してください。

3-3　「認定こども園」について
教職課程といえば、幼・小・中・高・特別支援学校というイメージがありますが、認定こども園も教職課程と関係があります。認定こども園について、こども家庭庁のウェブサイト[2] によると次のとおり説明されています。

教育・保育を一体的に行う施設で、いわば幼稚園と保育所の両方の良さを併せ持っている施設です。以下の機能を備え、認定基準を満たす施設は、都道府県等から認定を受けることが出来ます。

①就学前の子どもに幼児教育・保育を提供する機能
（保護者が働いている、いないにかかわらず受け入れて、教育・保育を一体的に行う機能）
②地域における子育て支援を行う機能
（すべての子育て家庭を対象に、子育て不安に対応した相談活動や、親子の集いの場の提供などを行う機能）

認定こども園には、地域の実情や保護者のニーズに応じて選択が可能となるよう多様なタイプがあります。なお、認定こども園の認定を受けても幼稚園や保育所等はその位置づけは失いません。

幼保連携型
幼稚園的機能と保育所的機能の両方の機能をあわせ持つ単一の施設として、認定こども園としての機能を果たすタイプ。

2）こども家庭庁ウェブサイト（https://www.cfa.go.jp/policies/kokoseido/kodomoen/gaiyou/）

幼稚園型

認可幼稚園が、保育が必要なこどものための保育時間を確保するなど、保育所的な機能を備えて認定こども園としての機能を果たすタイプ

保育所型

認可保育所が、保育が必要なこども以外のこどもも受け入れるなど、幼稚園的な機能を備えることで認定こども園としての機能を果たすタイプ

地方裁量型

幼稚園・保育所いずれの認可もない地域の教育・保育施設が、認定こども園として必要な機能を果たすタイプ

職員資格

〈幼保連携型〉

保育教諭を配置。保育教諭は、幼稚園教諭の免許状と保育士資格を併有。ただし、施行から 10 年間は、一定の経過措置あり。

〈その他の認定こども園〉

満 3 歳以上：幼稚園教諭と保育士資格の両免許・資格の併有が望ましい。

満 3 歳未満：保育士資格が必要

幼稚園・保育所との違いについて表 1-2 にまとめました。

表 1-2　幼稚園・保育所との違い

	認定こども園 [3]	幼稚園	保育所
監督省庁	こども家庭庁	文部科学省	こども家庭庁
保育者の資格	保育教諭 保育士 幼稚園教諭	幼稚園教諭	保育士
目的	教育と保育	教育	保育

3-4　大学一括申請期間中の個人申請について

大学一括申請期間中の個人申請については、原則として受理しない教育委員会が多いようです。そのような都道府県であっても、教員として就職が内定しており、年度内の免許状授与の必要性がある場合は例外的に受け付けるという対応をしています。

対象者に対しては、教育委員会に事由を申し出て、個人申請による取得を行うよう指示します。以下に東京都の例を掲載しますが、各道府県教育委員会により取扱いが異なる場合がありますので、確認しておきましょう。

3）2023（令和 5）年 3 月 31 日まで、認定こども園は内閣府、保育所は厚生労働省により管轄されていましたが、2023（令和 5）年 4 月 1 日のこども家庭庁設置にともない、こども家庭庁に移管されました。

〔東京都教育委員会の場合〕

　個人申請受付停止期間は毎年 2 月 1 日〜4 月 15 日までで、停止期間中は窓口申請だけではなく、郵送申請、電子申請の全ての方法で申請の受付ができません。ただし、4 月 1 日付けで東京都内の国公私立学校に教員として採用内定のある方等（補欠、期限付任用、名簿登載者含む）で採用等の条件として申請する免許状が必要な場合は、※その証明があれば停止期間中も申請できます。

　※の必要書類は表 1-3 のとおりです。

〈2024 年 3 月現在〉

表 1-3　必要書類

採用内定先	必要書類
都内公立学校	東京都教員採用名簿登載通知コピー 又は 「授与申請理由書」の原本
都内国私立学校	採用内定通知コピー （採用予定者氏名、採用年月日、担当校種、教科の記載及び校長の証明があるもの） 又は 「授与申請理由書」の原本

「授与申請理由書」は東京都教育委員会ウェブサイトからダウンロードできます。

4　事例 4：それでもやめられない教職課程事務（電話問合せの怪）

4-1　事例紹介：昔々の学生からの問合せ、問合せトラブルを防いだ話

　外線の音が鳴る。窓口対応時間はとっくに過ぎているが、緊急連絡に対応するため、教務課の電話はつながるようになっている。あわてて J さんが電話に出ると、1996（平成 8）年度の卒業生（以下 K さん）からの問合せであった。中高免の取得を希望で、学力に関する証明書の依頼のようであったが、どうも様子がおかしい。K さんによると、在学中に中等教職課程を履修していたが、「日本国憲法」が時間割上、必修科目（ゼミ）と重なっていて履修することができず、免許を取得できずに卒業したとのことだった。

　その後、2008（平成 20）年になってもう一度免許取得を思い立ち、J さんが勤める大学に卒業生として問い合わせた。すると法律が変わっているので、「日本国憲法」以外に増えた分を取らなくてはならないと言われたらしい。それなら他の科目も履修しようと思い、T 大学へ通うこととはしたものの、子育てが忙しくなり、途中で通うことをやめてしまったそうだ。

　K さんは 2013（平成 25）年に学力に関する証明書を発行してもらっていたので、先日、教育委員会へ行ったところ、「日本国憲法」を履修すれば免許が取れると告げられたという。「以前、問い合わせたときに法律が変わって増えた分を取らなくてはならないと言われたから T 大学にも通ったのに、「日本国憲法」を修得するだけで、私は免許を取れたということですか」。

　語気はさほど強くはないが、クレームに近いニュアンスが感じられた。いかにもこじらせそうな案件の香りがするものの、話の内容にところどころ、違和感もある。K さんには、「まずは所要資格が満たされているかどうかを確認させて頂きたい」と丁寧に説明して、必ず明日のうちに返答することを約束して電話を切った。

　まず考えたことは、K さんは法改正で所要資格が不足したと言われたと訴えているが、果たしてそんな誤った回答を前任者がするだろうかということだった。すでに所要資格を満たしていれば、免許法

施行規則第66条の6の単位の不足分である「日本国憲法」を履修するだけでことは足りる。なにかがおかしい。

　調べてみると、Kさんは確かに所要資格を満たしていることが確認できた。しかし、同じ学年の教職課程履修者を調査したところ、ほとんどの学生が1、2年次に「日本国憲法」を修得履修できている。Kさんが3年次まで「日本国憲法」を履修していなかったがために、ゼミと時間割が重複して履修できなかったこともわかった。所要資格を満たしているなら、間違いなく新法の科目を履修しなければならないという案内はしないはずである。

　ここで、Jさんはあることに気づいた。免許法施行規則第66条の6の区分が増えたのは確か、1998（平成10）年の改正のときである。「あっ」と思い、「外国語コミュニケーション」と「情報機器の操作」が2区分増えたときの経過措置について調べた。しかし、事例を探すことはできなかった。時間はすでに20時を回っていたが、研究会で知り合ったR大学の職員に1998（平成10）年の改正における免許法施行規則第66条の6の2区分増加に関する経過措置について問合せメールを送った。運がよければ翌日には返信があるかもしれないと思っての行動であったが、なんとその日のうちに返信があった。以前R大学とは別の大学が、L県の教育委員会を通じて文部科学省へ問い合わせた回答を持っているとのことで、それを転送してくれたのである。「地獄で仏」とはこのことかとJさんはありがたく思った。こうして説明の材料はそろったのである。

　次の日、Jさんは、まずは旧々法において所要資格が満たされていることが確認できたことを伝えた。所要資格が満たされている場合、その後、法改正があったとしても所要資格が不足するという案内をすることはまず考えられない。おそらく1998（平成10）年改正で免許法施行規則第66条の6の科目区分が2区分増えているので、その部分を履修する必要があるかもしれないという回答をしたのではないかと推測する。この改正における経過措置を自分は探すことができず、昨日、他大学に問い合わせたところ、増えた部分は履修しなくてもよいという情報を得た。しかしこれはあくまで他大学の事例であるので、この点については授与権者となる都道府県の教育委員会に今一度確認してほしいところであり、問合せ当時の担当者も同じことを考えたと思うと話した。

　「ところで2013（平成25）年から通われたT大学では「日本国憲法」はすでに修得されたということでよろしいでしょうか」と尋ねたところで、卒業生はしどろもどろになり、「日本国憲法はそこでは履修しなかった。教職課程とは別の勉強をしていたので」と言い、「憲法をどこかで履修して個人申請します。詳しくお調べ頂いてありがとうございます。」と昨日とは打って変わった態度であわてて電話を切ったのであった。Jさんが拍子抜けするほど、短時間での決着だった。

　相手側の本当の意図については、何とも言えないが、このような卒業生からの電話問合せでトラブルに発展することは少なくない。しかしながら、Jさんは日頃の業務知識の研鑽と研究会で知り合ったネットワークを武器に、トラブルになりそうな案件を未然に防ぐことができた。Jさんは言う。

　「教職課程事務担当は学ばなければならないことも多いし、トラブルに巻き込まれることも少なくない。正直辛いと思うことが山のようにある。それでも本当に時たま、持ち得る知識とネットワークをフル活用して乗り切れる瞬間がある。そういう瞬間があるとね、やっぱり思うんですよ。この仕事やめられないなって。まあ、いろんな意味が含まれますがね」。

4-2　免許状取得の大原則

卒業生からこれから免許状を取得したいという相談があった場合、対応の原則は次の2点になります。

①現行法（新法）の基準で取得する。

②現行法より前の法（旧法、旧々法等）のもとで既修得単位がある場合、現行法の単位として読み替え
　可能な単位は読み替えて不足単位を修得する。

　この２点が原則になりますが、免許法施行規則第66条の６に定める科目が４つの項目（①日本国憲法、②体育、③外国語コミュニケーション、④数理、データ活用及び人工知能に関する科目又は情報機器の操作）になる前の２つだけの項目（①日本国憲法、②体育）だけの時代は事情が違います。昭和63年改正法以前に所要資格を満たしていて、免許法施行規則第66条の６に定める科目のみ未修得の場合のことです。

　上記の段落を読むと、どういうこと？と思うかもしれません。それでは順を追って説明していきます。

4-3　新法・旧法・旧々法

　新法・旧法というのはどういう区切りで切り替わるのでしょう。免許状取得に関する単位数を規定しているのが免許法の別表です。その別表に規定される修得単位数がかわるときが、切り替わりの時期となります。

　次のページに掲載している表1-4では、幼稚園から栄養教諭まで教諭の種類ごとにその変遷をまとめました。幼稚園から特別支援学校の教員免許状に関する修得単位数を規定しているのが別表第1、養護教諭の教員免許状に関する修得単位数を規定しているのが別表第2、栄養教諭の教員免許状に関する修得単位数を規定しているのが別表第2の2です。

　これまで別表の改正・新設が行われた回数は6回です。一番古くは昭和29（1954）年で、それ以降は昭和63（1988）年、平成10（1998）年、平成16（2004）年、平成18（2006）年、直近では平成28（2018）年になります。

　法令の改正時には教職課程の再認定を改めて受けなければなりません。そのことを再課程認定といいます。表内の○のついた箇所をみると、昭和63（1988）年、平成10（1998）年、平成28（2018）年の改正により再課程認定申請を行ったことがわかるでしょう。平成16（2004）年は栄養教諭というこれまでなかった教諭の種類が追加され、平成18（2006）年は特別支援学校という新たな学校制度の創設による免許制度の変更がありました。これは昭和63（1988）年、平成10（1998）年、平成28（2018）年の再課程認定とは性格が異なるものではありますが、説明の便宜上、表に含んでいます。

　各学校種等の種別ごとに列を分けて記載していますが、列の一番右の○が新法で、その１つ前が旧法、その１つ前が旧々法、その１つ前が旧々々法となります。このよびかたは通称であり、教育委員会では平成28年改正法とか平成10年改正法というよびかたをするのが一般的です。この方がお互いの理解に齟齬が生じないため、このよびかたで会話をすることが望ましいでしょう。なぜなら新法というのはいつを起点にするかによって指している法令が変わります。現在を起点にすると新法は平成28年改正法になりますが、平成10年改正法のもとで学んだ方にとっては、平成10年改正法が新法になるのです。新法の時期への感覚は必ずしも一致していません。履修希望者と会話をする場合は、何年度に入学したかどうかを確認しましょう。何年の改正法のもとで履修したかがわかれば、それ以降は新法・旧法という言葉で話すことができるでしょう。

　以下にこれまでの改正のポイントをまとめます。

(1) 昭和29（1954）年改正

●課程認定制度創設後初の免許法改正。
●幼・小・中・盲・ろう・養護学校（二級免（現二種免）・一級免（現一種免））、高（二級免（現一種免）・一級免（現専修免））、養護教諭（二級免（現二種免）・一級免（現一種免））の規定が設けられる。

表1-4　免許法の改正の変遷（改正により変更があった免許状の種類に○を記入）[4]

別表	学校種等		種　別	S29	S63	H10	H16	H18	H28
				1954	1988	1998	2004	2006	2016
1	教諭	幼稚園	二種（二級）	○	○	○			○
			一種（一級）	○	○	○			○
			専修	—	○				○
		小学校	二種（二級）	○	○	○			○
			一種（一級）	○	○	○			○
			専修	—	○				○
		中学校	二種（二級）	○	○	○			○
			一種（一級）	○	○	○			○
			専修	—	○				○
		高等学校	一種（二級）	○	○				
			専修（一級）	○	○				○
		盲・聾・養護学校	二種（二級）	○	○	○		—	—
			一種（一級）	○	○	○		—	—
			専修	—	○			—	—
		特別支援学校	二種	—	—	—	—	○	
			一種	—	—	—	—	○	
			専修	—	—	—	—	○	
2	養護教諭		二種（二級）	○	○	○			○
			一種（一級）	○	○	○			○
			専修	—	○				○
2の2	栄養教諭		二種	—	—	—	○		○
			一種	—	—	—	○		○
			専修	—	—	—	○		○

※「ろう学校」から「聾学校」への表記変更は昭和36（1961）年の免許法改正から。

（2）昭和63（1988）年改正
●初めての再課程認定申請が行われる。
●全校種・養護教諭に専修免の課程が創設される。
●一級免・二級免から専修免・一種免・二種免に変更。

（3）平成10（1998）年改正
●2回目の再課程認定申請（専修免は再課程認定申請の対象外）。
●幼・小・中・高・盲・聾・養護学校の一種免・二種免のカリキュラムが変更。

（4）平成16（2004）年改正
●栄養教諭免許状（専修免・一種免・二種免）の創設。

4）平成12（2000）年の免許法改正では高校「情報」「福祉」の免許課程が新設されました（表1-4では省略）。

(5) 平成 18（2006）年改正

● 特別支援学校教諭免許状（二種免・一種免・専修免）の創設（改正前は盲・聾・養護学校教諭免許状）。

(6) 平成 28（2016）年改正

● 3 回目の再課程認定申請（専修免創設後初めての再課程認定申請（特支専修免を除く））。
● 特別支援学校教諭を除く教諭・養護教諭・栄養教諭（専修免・一種免・二種免）のカリキュラムが変更。

2024（令和 6）年度を基準に、学校種等ごとにいつからいつまでが新法か旧法かということを示すと次のとおりです。

(1) 幼・小・中・高等学校、養護教諭免許状（一種・二種）

入　学　年　度	適　用	免許法上の呼称
平成元（1989）年度以前入学生	旧々法	昭和 29（1954）年改正法
平成 2（1990）年度入学生～平成 10（1998）年度もしくは平成 11（1999）年度入学生※	旧々法	昭和 63（1988）年改正法
平成 11（1999）年度もしくは平成 12（2000）年度～平成 30（2018）年度入学生※	旧法	平成 10（1998）年改正法
令和元（2019）年度以降入学生	新法	平成 28（2016）年改正法

※平成 10（1998）年改正法時には再課程認定申請を行う年度を平成 10（1998）年度か平成 11（1999）年度で選択可能。平成 10（1998）年度に再課程認定申請を行った大学については平成 11（1999）年度から、平成 11（1999）年度に再課程認定申請を行った大学については平成 12（2000）年度から旧法の課程が始まったため、旧々法の最終年度も 2 とおりとなる。

(2) 幼・小・中・養護教諭免許状（専修）

入　学　年　度	適　用	免許法上の呼称
平成 2（1990）年度入学生～平成 30（2018）年度入学生	旧法	昭和 63（1988）年改正法
令和元（2019）年度以降入学生	新法	平成 28（2016）年改正法

(3) 高等学校教諭免許状（専修）

入　学　年　度	適　用	免許法上の呼称
平成元（1989）年度以前入学生	旧々法	昭和 29（1954）年改正法
平成 2（1990）年度入学生～平成 30（2018）年度入学生	旧法	昭和 63（1988）年改正法
令和元（2019）年度以降入学生	新法	平成 28（2016）年改正法

(4) 特別支援学校（旧：盲・聾・養護学校）教諭免許状（一種・二種）

入　学　年　度	適　用	免許法上の呼称
平成元（1989）年度以前入学生	旧々々法	昭和 29（1954）年改正法
平成 2（1990）年度入学生～平成 10（1998）年度もしくは平成 11（1999）年度入学生	旧々法	昭和 63（1988）年改正法
平成 11（1999）年度もしくは平成 12（2000）年度入学生～平成 18（2006）年度入学生	旧法	平成 10（1998）年改正法
平成 19（2007）年度以降入学生	新法	平成 18（2006）年改正法

（5）特別支援学校（旧：盲・聾・養護学校）教諭免許状（専修）

入　学　年　度	適　用	免許法上の呼称
平成 2（1990）年度入学生〜平成 18（2006）年度入学生	旧法	昭和 63（1988）年改正法
平成 19（2007）年度以降入学生	新法	平成 18（2006）年改正法

（6）栄養教諭免許状（一種・二種・専修）

入　学　年　度	適　用	免許法上の呼称
平成 17（2005）年度入学生〜平成 30（2018）年度入学生	旧法	平成 16（2004）年改正法
令和元（2019）年度以降入学生	新法	平成 28（2016）年改正法

　同じ幼稚園であっても一種・二種と専修では旧法の時期が異なります。また、証明書の請求者が新法といったときに平成 28 年改正法と思いがちですが、いつを起点にするかによって新法・旧法というのは異なるのです。

　ちなみに私は 1995（平成 7）年 4 月の大学入学生で、中一種免の社会を取得希望で履修していました。その時に適用されていたのは昭和 63 年改正法です。私は当時新法で受講していました。1995（平成 7）年当時から見ると昭和 63 年改正法は新法ですが、今を起点とすると昭和 63 年改正法は旧々法になります。卒業生の認識している新法と、私たちが現在の業務において認識している新法とは必ず一致していないという認識をもって対応する必要があるでしょう。

4-4　免許法施行規則第 66 条の 6 に定める科目の修得区分

小・中・高・養護・栄養（一種・二種）	旧々法	旧法、新法
適用年度	1990 〜 1998/1999	1999/2000 〜
条文番号	66 条の 3、66 条の 4	66 条の 5、66 条の 6
日本国憲法	○	○
体育	○	○
外国語コミュニケーション		○
数理、データ活用及び人工知能に関する科目又は情報機器の操作		○

- 1991（平成 3）年 7 月 1 日から 66 条の 4 に条文番号繰り下げ。修得項目に変更なし。
- 1998（平成 10）年 7 月 1 日から 66 条の 4 から 66 条の 5 に条文番号繰り下げ。修得項目追加。
- 2002（平成 14）年 7 月 1 日から 66 条の 5 から 66 条の 6 に条文番号繰り下げ。修得項目に変更なし。
- 2022（令和 4）年 4 月 1 日から「数理、データ活用及び人工知能に関する科目」又は「情報機器の操作」の選択可となる。

　免許法施行規則第 66 条の 6 に定める科目は、昭和 63 年改正法から設けられた規定です。当初は 66 条の 3 であったものが 3 度にわたる条文番号の繰り下げがあり、現在は 66 条の 6 です。

　旧々法時は日本国憲法と体育の 2 つの項目しかありませんでしたが、旧法以降はさらに外国語コミュニケーションと数理、データ活用及び人工知能に関する科目又は情報機器の操作が追加され、4 項目となりました。

4-5　免許状の授与要件
本項については本書 22 頁を参照してください。

4-6　経過措置
この事例解説の冒頭の項では、免許状取得の大原則として次の 2 点を説明しました。

①現行法（新法）の基準で取得する。
②現行法より前の法（旧法、旧々法等）のもとで既修得単位がある場合、現行法の単位として読み替え可能な単位は読み替えて不足単位を修得する。

　この 2 原則の例外として、経過措置が適用される場合があります。旧法以前の法律が適用され、新法の基準で単位を修得する必要ないというものです。一番多い経過措置の適用例としては、教職課程を履修している途中に法律の改正があった場合の学生への適用です。新法（平成 28 年改正法）の場合、施行は 2019（平成 31）年 4 月 1 日で、この施行日以降に入学した学生から新法が適用されました。この日に 2 年生以上の者に対して平成 28 年改正法附則第 5 条において、卒業するまでに入学時の法律（平成 10 年改正法）で定める 59 単位を修得した場合は、新法での所要資格を得たものとみなすという内容でした。
　事例の卒業生の場合、1996（平成 8）年度の卒業ということで、昭和 63 年改正法下で単位修得をしています。昭和 63 年改正法で所要資格は満たしたものの、免許法施行規則第 66 条の 4 に定める科目の 2 項目（日本国憲法・体育）のうち、日本国憲法については単位未修得であったため、免許状の授与には至らなかったということになります。しかし、当時の法律のもとで所要資格を満たしているため、新法（平成 28 年改正法）の所要資格は得ているのです。新法別表第 1 第 3 欄に定める大学において修得することを必要とする単位の修得は不要となるのです。
　新法で所要資格を満たしたことになりますが、免許法施行規則第 66 条の 6 の項目が当時から 2 項目増えていることについてはどのように扱えばいいのでしょうか。この点については昭和 63 年改正法のもとで所要資格を満たしていれば、平成 10 年改正法から追加された 2 項目については改めて修得する必要はないとの解釈事例が示されています。

○ハンドブック解釈事例（640 頁）
◎科目の修得
Q　平成 10 年改正以前の法（旧法）別表第 1 又は別表第 2 に規定するそれぞれの普通免許状に係る所要資格を得た者は、平成 10 年改正法（新法）別表第 1 又は別表第 2 に規定する当該普通免許状に係る所要資格を得たものとみなすため、旧法下の施行規則第 66 条の 6 に定める追加の単位の修得は必要がないと解してよいか。
A　御見解のとおり。
※平成 28 年改正法成立前の解釈事例であることから、平成 10 年改正法が新法という記載になっている。

　今回の事例においては、日本国憲法を履修し、昭和 63 年改正法様式で学力に関する証明書を教育委員会に提出すれば免許状が授与されます。

第2章

最恐の教職課程事務【2】

一人ぼっちの教職課程事務

　第1章でも述べたように、第1章、第2章では、免許状の申請方法、他学科受講、新法・旧法・旧々法、免許法施行規則第66条の6に定める科目、一般的包括的内容を含む科目といった、教職課程事務でよく耳にする言葉を事例の解説を読むなかで理解できるよう、5つの事例を解説します。事例5「法定最低修得単位数と大学が定める最低修得単位数に差がある場合の注意点」については説明すべき内容が多岐にわたるため第2章として章を分けました。

1　事例紹介：法令解釈も昔のミスのリカバリーも全部一人

　E大学は中高のみの課程認定を持つ大学である。教務課に所属するFさんは入職から3年ほど、教職課程事務を担当している。前任者は2年前に病気で辞めてしまったので「教職課程事務」のいろはを十分に教わることもできなかったし、学内には他に詳しい人間もいない。過去の履修要覧と事務書類を参考に、履修指導や介護等体験事務、教育実習事務に免許状大学一括申請と、見よう見まねで何とか業務をこなしていたのだった。そんな状況で、Fさんは業務上のミスもなく、なんとか平穏に過ごすことができていた。「履修要覧どおり、きちんと履修指導を行っていれば問題はない」と少しずつ自信もついてきたところだった。

　新年度を迎え、業務も一段落ついた頃のことである。「昨年度にG学科を卒業したHさんから、教職についてのお問合せの電話です」と受付担当にしては珍しくひきつった声の取り次ぎだった。Hさんといえば、昨年度「道徳の理論及び指導法」の単位を修得することができず、大学一括申請ができなかった学生である。高校教諭としての就職が決まっていたにもかかわらず、残念な結果であった。

　「お待たせしました。教務課のFです」と名乗るや否や、「3月に卒業したHですが、本日、教育委員会に行ったところ、高校の免許状取得のための単位には不足がないから、免許申請できるって言われました。どういうことですか。申請できないって言いましたよね。とっくに教員の就職は辞退してしまったし！」と涙声で鳴咽している。Fさんは教育委員会での出来事を何とか聞き出して、こちらでも事実確認をして改めて連絡すると約束して電話を切った。

　すぐさま、履修要覧を確認する。「道徳の理論及び指導法」は、高校の免許課程において「大学が独自に設定する科目」での必修科目となっている。Fさんは初めて、教育職員免許法の別表第1と同法施行規則をわからないなりに読み込み、インターネット上にある情報を調べつくした。どうやら「道徳の理論及び指導法」は高校の免許取得には必要ないようだ。さらに大学の最低修得単位数は法令上の単位数よりも多めに設定されていることにも気がついた。しかし、すべて後の祭りである。FさんはHさんに対して申し訳ない気持ちでいっぱいになり、自分の勉強不足を呪った。

　「何とか、大学としてリカバリーをしなければ……」上司に相談しようと立ち上がった瞬間、「今までもたまたま学生が気づかなかっただけで、似たような事例がじつは山のようにあるのではないか？」という疑念が頭をよぎり、Fさんはめまいがした。

2　免許状の授与要件

　大学の教職課程で免許状の授与にあたっての資格を満たすには次の要件が必要になります。

①所要資格を満たすこと。
②免許法施行規則第 66 条の 6 に定める科目の単位を修得すること。
③介護等体験を 7 日間実施すること（小・中のみ〈1998（平成 10）年度以降入学生〉）

　所要資格という言葉を聞くと、初任者の方は何を意味するかわからずにとまどうのではないでしょうか。所要資格とは、明文で説明されているわけではなく、「免許法別表第 1」の表（表 2-1）を見て理解しなければなりません。

表 2-1　免許法別表第 1

第 一 欄		第 二 欄	第 三 欄	
免許状の種類	所要資格	基 礎 資 格	大学において修得することを必要とする最低単位数	
			教科及び教職に関する科目	特別支援教育に関する科目
幼稚園教諭	専修免許状	修士の学位を有すること。	75	
	一種免許状	学士の学位を有すること。	51	
	二種免許状	短期大学士の学位を有すること。	31	
小学校教諭	専修免許状	修士の学位を有すること。	83	
	一種免許状	学士の学位を有すること。	59	
	二種免許状	短期大学士の学位を有すること。	37	
中学校教諭	専修免許状	修士の学位を有すること。	83	
	一種免許状	学士の学位を有すること。	59	
	二種免許状	短期大学士の学位を有すること。	35	
高等学校教諭	専修免許状	修士の学位を有すること。	83	
	一種免許状	学士の学位を有すること。	59	
特別支援学校教諭	専修免許状	修士の学位を有すること及び小学校、中学校、高等学校又は幼稚園の教諭の普通免許状を有すること。		50
	一種免許状	学士の学位を有すること及び小学校、中学校、高等学校又は幼稚園の教諭の普通免許状を有すること。		26
	二種免許状	小学校、中学校、高等学校又は幼稚園の教諭の普通免許状を有すること。		16

備考
一～三　＜略＞
四　この表の規定により幼稚園、小学校、中学校若しくは高等学校の教諭の専修免許状若しくは一種免許状又は幼稚園、小学校若しくは中学校の教諭の二種免許状の授与を受けようとする者については、特に必要なものとして文部科学省令で定める科目の単位を大学又は文部科学大臣の指定する教員養成機関において修得していることを要するものとする（別表第 2 及び別表第 2 の 2 の場合においても同様とする。）。
五～八　＜略＞

　表 2-1 のとおり、所要資格とは、基礎資格と大学において修得することを必要とする最低単位数のことを指しています。基礎資格と大学において修得することを必要とする最低単位数を満たした状態を、所要資格を満たした状態といいます。

　「中高一種免」の場合、基礎資格は「学士の学位を有すること」です。大学において修得することを必要とする単位数は、「教科及び教職に関する科目」の 59 単位であり、この要件を満たすことが免許状の授与要件の 1 つとなります。

　次なる要件として、免許法施行規則第 66 条の 6 に定める科目の単位を修得することがあります。それは所要資格の 1 つである、大学において修得することを必要とする単位数とは別途設定されています。具体的には免許法別表第 1 の備考第 4 号に規定されています（☞本書 3 頁）。

　最後に、中学校の免許状であれば、7 日間の介護等体験の実施が必要となり、これら 3 つの要件を満たすことによって免許状が授与されることになるのです。

3　法定最低修得単位数と大学が定める最低修得単位数

　「法定最低修得単位数」と「大学が定める最低修得単位数」は、各大学のカリキュラムの設定の仕方によりおおいに異なる場合がありますが、また同一の場合もあります。「法定最低修得単位数」どおりに大学の教職課程のカリキュラムを必ずしも設計できるとは限りません。「大学が定める最低修得単位数」が、「法定最低修得単位数」を超えて設定されることもあるでしょう。

　したがって、「大学が定める最低修得単位数」を満たしていないものの、「法定最低修得単位数」を満たしているという状況が生じることがあります。

　大学を卒業するにあたっては、「学生に配付するガイドブック」（☞表 2-3：27 頁）に記載されている「単位修得要件」を満たすこと、つまり「大学が定める最低修得単位数」を満たすことが条件です。しかし、教職課程の場合は、ガイドブックに記載された「最低修得単位数」の修得を行わなくとも免許状を取得できる場合があり、このあたりを理解するのが難しいのです。具体例をもとにみていきましょう。

4　平成 29 年改正免許法施行規則第 5 条

　表 2-1 に示した「免許法別表第 1」において、高等学校教諭一種免許状の取得にあたっての最低修得単位数は 59 単位と規定されています。その 59 単位の内訳については、免許法施行規則第 5 条第 1 項表で次のとおりに規定されています。

> ▼免許法施行規則
> 第 5 条　免許法別表第 1 に規定する高等学校教諭の普通免許状の授与を受ける場合の教科及び教職に関する科目の単位の修得方法は、次の表〔☞表 2-2：24 頁〕の定めるところによる。

4-1　「教科に関する専門的事項」に関する科目

　「教科に関する専門的事項」に関する科目の「最低修得単位数」は、「各教科の指導法」に関する科目とあわせて 24 単位となっています。このうち、「各教科の指導法」に関する科目の単位は 4 単位と規定されていることから（免許法施行規則第 4 条第 1 項表備考第 6 号）、「教科に関する専門的事項」に関する科目については、20 単位としている大学が多いと思います。ただし、「各教科の指導法」に関する科目の必修単位を 6 単位とした場合は、24 ひく 6 で 18 単位となります。以降の説明においては、「教科に関する専門的事項」に関する科目の最低修得単位数を 20 単位という前提とします。また、「教科に関す

表 2-2　教科及び教職に関する科目の単位の修得方法

第一欄		教科及び教職に関する科目	各科目に含めることが必要な事項	専修免許状	一種免許状
最低修得単位数	第二欄	教科及び教科の指導法に関する科目	教科に関する専門的事項	24	24
		遵法に関する科目	各教科の指導法（情報通信技術の活用を含む。）		
	第三欄	教育の基礎的理解に関する科目	教育の理念並びに教育に関する歴史及び思想	10 (4)	10 (4)
			教職の意義及び教員の役割・職務内容（チーム学校運営への対応を含む。）		
			教育に関する社会的、制度的又は経営的事項（学校と地域との連携及び学校安全への対応を含む。）		
			幼児、児童及び生徒の心身の発達及び学習の過程		
			特別の支援を必要とする幼児、児童及び生徒に対する理解		
			教育課程の意義及び編成の方法（カリキュラム・マネジメントを含む。）		
	第四欄	道徳、総合的な学習の時間等の指導法及び生徒指導、教育相談等に関する科目	総合的な探究の時間の指導法	8 (5)	8 (5)
			特別活動の指導法		
			教育の方法及び技術		
			情報通信技術を活用した教育の理論及び方法		
			生徒指導の理論及び方法		
			教育相談（カウンセリングに関する基礎的な知識を含む。）の理論及び方法		
			進路指導及びキャリア教育の理論及び方法		
	第五欄	教育実践に関する科目	教育実習	3 (2)	3 (2)
			教職実践演習	2	2
	第六欄	大学が独自に設定する科目		36	12

備考《抜粋》

一　教科に関する専門的事項に関する科目の単位の修得方法は、免許教科の種類に応じ、それぞれ定める教科に関する専門的事項に関する科目についてそれぞれ１単位以上修得するものとする。

イ　国語　国語学（音声言語及び文章表現に関するものを含む。）、国文学（国文学史を含む。）、漢文学

ロ　地理歴史　日本史、外国史、人文地理学・自然地理学、地誌

ハ　公民「法律学（国際法を含む。）、政治学（国際政治を含む。）」、「社会学、経済学（国際経済を含む。）」、「哲学、倫理学、宗教学、心理学」

ニ　数学　代数学、幾何学、解析学、「確率論、統計学」、コンピュータ

ホ　理科　物理学、化学、生物学、地学、「物理学実験、化学実験、生物学実験、地学実験」

ヘ　音楽　ソルフェージュ、声楽（合唱及び日本の伝統的な歌唱を含む。）、器楽（合奏及び伴奏並びに和楽器を含む。）、指揮法、音楽理論・作曲法（編曲法を含む。）・音楽史（日本の伝統音楽及び諸民族の音楽を含む。）

ト　美術　絵画（映像メディア表現を含む。）、彫刻、デザイン（映像メディア表現を含む。）、美術理論・美術史（鑑賞並びに日本の伝統美術及びアジアの美術を含む。）

チ　工芸　図法・製図、デザイン、工芸制作（プロダクト制作を含む。）、工芸理論・デザイン理論・美術史（鑑賞並びに日本の伝統工芸及びアジアの工芸を含む。）

リ　書道　書道（書写を含む。）、書道史、「書論、鑑賞」、「国文学、漢文学」

ヌ　保健体育　体育実技、「体育原理、体育心理学、体育経営管理学、体育社会学、体育史」・運動学（運動方法学を含む。）、生理学（運動生理学を含む。）、衛生学・公衆衛生学、学校保健（小児保健、精神保健、学校安全及び救急処置を含む。）

ル　保健「生理学、栄養学、微生物学、解剖学」、衛生学・公衆衛生学、学校保健（小児保健、精神保健、学校安全及び救急処置を含む。）

ヲ　看護「生理学、生化学、病理学、微生物学、薬理学」、看護学（成人看護学、老年看護学及び母子看護学を含む。）、看護実習

ワ　家庭　家庭経営学（家族関係学及び家庭経済学を含む。）、被服学（被服実習を含む。）、食物学（栄養学、食品学及び調理実習を含む。）、住居学、保育学

カ　情報　情報社会（職業に関する内容を含む。）・情報倫理、コンピュータ・情報処理、情報システム、情報通信ネットワーク、マルチメディア表現・マルチメディア技術

ヨ　農業　農業の関係科目、職業指導

タ　工業　工業の関係科目、職業指導

レ　商業　商業の関係科目、職業指導

ソ　水産　水産の関係科目、職業指導

ツ　福祉　社会福祉学（職業指導を含む。）、高齢者福祉・児童福祉・障害者福祉、社会福祉援助技術、介護理論・介護技術、社会福祉総合実習（社会福祉援助実習及び社会福祉施設等における介護実習を含む。）、人体構造に関する理解・日常生活行動に関する理解、加齢に関する理解・障害に関する理解

ネ　商船　商船の関係科目、職業指導

ネ　商船　商船の関係科目、職業指導

ナ　職業指導　職業指導、職業指導の技術、職業指導の運営管理

ラ　英語　英語学、英語文学、英語コミュニケーション、異文化理解

ム　宗教　宗教学、宗教史、「教理学、哲学」

る専門的事項」に関する科目の20単位は、各専門的事項において「一般的包括的内容」を1単位以上含んで修得することが決まりです。

　この後の事例では高一種免・国語を取り上げています。国語を例に説明すると、国語には「教科に関する専門的事項」が3つあり、（「①国語学（音声言語及び文章表現に関するものを含む。）」「②国文学（国文学史を含む。）」「③漢文学」）これら3つの事項において、それぞれ「一般的包括的内容」を含む授業科目の単位を含んで、合計20単位以上修得する必要があるのです（☞表2-5：29頁）。

4-2　大学が独自に設定する科目

▼平成29年改正免許法施行規則第2条第1項表備考第14号
　大学が独自に設定する科目の単位の修得方法は、領域に関する専門的事項に関する科目、保育内容の指導法に関する科目若しくは教諭の教育の基礎的理解に関する科目等、大学が加えるこれらに準ずる科目又は第21条の2第1項の規定により文部科学大臣が指定した大学（以下「指定大学」という。）が加える科目について修得するものとする（次条第1項、第4条第1項及び第5条第1項の表の場合においても同様とする。）。

　幼稚園教諭免許状取得にあたっての単位修得方法が規定されている平成29（2017）年改正免許法施行規則第2条第1項表備考第14号は、高等学校の免許状取得の単位が規定されている第5条にも読み替えて適用されることになっています。つまり、条文中の「領域に関する専門的事項」は「教科に関する専門的事項」に関する科目に、「保育内容の指導法」に関する科目は「各教科の指導法」に関する科目に読み替えて条文を読むわけです。専修免許状と一種免許状・二種免許状とでは大学が独自に設定する科目の取り扱いが異なります。

　専修免許状の場合は、申請校種・教科の「教科に関する専門的事項」に関する科目か、教職専門科目に該当する科目でなければ、この科目に位置づけることはできません。

▼教職課程再課程認定等説明会質問回答集（平成30年1月9日版）No.299
Q　専修免許課程の科目を「大学が独自に設定する科目」として開設する場合は新しい区分に再配置する必要があるようだが、明確に区分しづらい科目についてはどのように扱えばよいか。
A　専修免許状科目については、現行法下においても教科に関する科目か教職に関する科目のいずれかの事項に基づいた科目設定となっていることから、再課程認定申請においても大学の判断により、最も近い区分に配置したうえで申請を行う。
※Aの中の現行法とは平成10年改正法。

　それに対して、一種免許状・二種免許状の場合は、次の科目を「大学が独自に設定する科目」として位置づけることができます。

●教科に関する専門的事項に関する科目
●教職専門科目に該当する科目

　これらの科目については、「大学が独自に設定する科目」欄に記載される科目ではなく、それぞれの科目区分において、「法定最低修得単位数」を超えて修得した単位数が「大学が独自に設定する科目」の単位となります。

●大学が加えるこれらに準ずる科目（例えば介護等体験を単位化した場合の授業科目や環境教育に関する科目

●道徳教育の指導法に関する科目〈中一種・二種免の場合は教職専門科目〉。）

大学が加えるこれらに準ずる科目については、開設するかどうかは大学に委ねられています。

よって、大学によっては「大学が独自に設定する科目」を開設せず、「教科に関する専門的事項」に関する科目か教職専門科目に該当する科目のそれぞれの科目区分においての「法定最低修得単位数」を超えて修得した単位数でまかなう場合もあります。平成 29（2017）年改正前の「教科又は教職に関する科目」と基本的には同じです。

5　ケーススタディ（文学部日本語日本文学科・高一種免「国語」）───────

5-1　前提条件

下記の前提をもとに、卒業時に一部単位が未修得となったケース①～⑦において高一種免（国語）が取得できるかどうか考えてみましょう。

前　提

①卒業要件は満たしている（＝基礎資格は満たしている）。

②免許法別表第 1 による免許状取得では免許法施行規則第 66 条の 6 に定める科目が必要であるが、今回のケーススタディでは修得していることとする。

③以降の各ケースの表（表 2-8, 表 2-10 ～表 2-15）において灰色（文字白抜き）の網掛け部分が修得した単位である。

以下、ケーススタディの前提となる各表（表 2-3 ～表 2-7）を並べる。

（1）学生に配付するガイドブック（表 2-3）：免許状を取得するにあたって満たすべき「単位取得要件」が記載されています。

（2）日本語日本文学科の専門科目の卒業要件上のカリキュラム（表 2-4）：大学を卒業するにあたって満たすべき、「単位修得要件」が記載されています。

（3）課程認定申請書類：文部科学省に申請したカリキュラムの書類です。

　①様式第 2 号（高・教科及び教科の指導法に関する科目）（表 2-5）

　②様式第 2 号（高・教育の基礎的理解に関する科目等）（表 2-6）

　③様式第 2 号（大学が独自に設定する科目）（表 2-7）

表 2-3　学生に配布するガイドブック

第 1 欄	教科及び教職に関する科目	各科目に含めることが必要な事項			法定単位	授業科目	単位	履修要件
第 2 欄	教科及び教科の指導法に関する科目	教科に関する専門的事項	国語学（音声言語及び文章表現に関するものを含む。）		24	日本語学概論	2	必修
						日本語史	2	必修
						日本語学講読 A	2	選択
						日本語学講読 B	2	選択
						日本語学講読 C	2	選択
						日本語学講読 D	2	選択
			国文学（国文学史を含む。）			日本文学概論	2	必修
						日本文学史（古典）	2	必修
						日本文学史（近代）	2	必修
						古典文学講読 A	2	選択
						古典文学講読 B	2	選択
						古典文学講読 C	2	選択
						古典文学講読 D	2	選択
						近代文学講読 A	2	選択
						近代文学講読 B	2	選択
						近代文学講読 C	2	選択
						近代文学講読 D	2	選択
			漢文学			中国文学概論 A	2	必修
						中国文学概論 B	2	必修
						中国文学史	2	選択
		各教科の指導法（情報通信技術の活用を含む。）				国語科教育法 I	2	必修
						国語科教育法 II	2	必修
						国語科教材研究 A	2	選択
						国語科教材研究 B	2	選択
第 3 欄	教育の基礎的理解に関する科目	教育の理念並びに教育に関する歴史及び思想			10	教育原論	2	1 科目選択必修
						教育学概論	4	
		教職の意義及び教員の役割・職務内容（チーム学校運営への対応を含む。）				教職論	2	必修
		教育に関する社会的、制度的又は経営的事項（学校と地域との連携及び学校安全への対応を含む。）				学校教育社会学	2	必修
		幼児、児童及び生徒の心身の発達及び学習の過程				教育心理学	2	必修
		特別の支援を必要とする幼児、児童及び生徒に対する理解				特別支援教育論	2	必修
		教育課程の意義及び編成の方法（カリキュラム・マネジメントを含む。）				教育課程論	2	必修
第 4 欄	道徳、総合的な学習の時間等の指導法及び生徒指導、教育相談等に関する科目	総合的な探究の時間の指導法			8	総合的な学習の時間の指導法	1	必修
		特別活動の指導法				特別活動論	1	必修
		教育の方法及び技術				教育の方法と技術（ICT 活用を含む。）	2	必修
		情報通信技術を活用した教育の理論及び方法						
		生徒指導の理論及び方法				生徒・進路指導論	2	必修
		進路指導及びキャリア教育の理論及び方法						
		教育相談（カウンセリングに関する基礎的な知識を含む。）の理論及び方法				教育相談	2	必修
						カウンセリング特論	2	選択
第 5 欄	教育実践に関する科目	教育実習			3	教育実習指導 I	1	必修
						教育実習指導 II A ※	4	1 科目選択必修
						教育実習指導 II B ※	2	
		教職実践演習			2	教職実践演習（中・高）	2	必修
第 6 欄	大学が独自に設定する科目	教諭の基礎的理解に関する科目等に準ずる科目			12	道徳教育指導法	2	選択
					59	最低修得単位	59	

※中高免両方取得の場合は II A、高一種免のみ取得の場合は II B。

■単位修得方法

①教科に関する専門的事項に関する科目は必修科目 14 単位を含み 30 単位以上修得すること。

②第 2 欄「各教科の指導法（情報機器及び教材の活用を含む。）」、第 3 欄〜第 5 欄の科目については、履修要件の表記にしたがって単位を修得すること。

28

表 2-4　日本語日本文学科の専門科目の卒業要件上のカリキュラム

分　野	授業科目名	履修要件	配当年次	単 位 数	備　　考
演　習	日本語日本文学基礎演習 A	必　修	1	2	16 単位必修
	日本語日本文学基礎演習 B	必　修	1	2	
	日本語日本文学基礎演習 C	必　修	2	2	
	日本語日本文学基礎演習 D	必　修	2	2	
	日本語日本文学演習 A	必　修	3	2	
	日本語日本文学演習 B	必　修	3	2	
	日本語日本文学演習 C	必　修	4	2	
	日本語日本文学演習 D	必　修	4	2	
卒業論文	卒業論文	必　修	4	4	4 単位必修
基幹講義	日本語学概論	必　修	1	2	8 単位必修
	日本文学概論	必　修	1	2	
	日本文学史（古典）	必　修	2	2	
	日本文学史（近代）	必　修	2	2	
文献講読	古典文学講読 A	選択必修	3	2	4 単位選択必修
	古典文学講読 B	選択必修	3	2	
	古典文学講読 C	選択必修	3	2	
	古典文学講読 D	選択必修	3	2	
	近代文学講読 A	選択必修	3	2	
	近代文学講読 B	選択必修	3	2	
	近代文学講読 C	選択必修	3	2	
	近代文学講読 D	選択必修	3	2	
	日本語学講読 A	選択必修	3	2	
	日本語学講読 B	選択必修	3	2	
	日本語学講読 C	選択必修	3	2	
	日本語学講読 D	選択必修	3	2	
選　択	日本語史	選　択	1	2	文献講読を 4 単位超えて修得した単位を含み 20 単位選択必修
	中国文学概論 A	選　択	2	2	
	中国文学概論 B	選　択	2	2	
	中国文学史	選　択	3	2	
	日本語教育概論 B	選　択	3	2	
	日本語教授法 I	選　択	3	2	
	日本語教授法 II	選　択	3	2	
	書道	選　択	3	4	
	仏教文学 B	選　択	2	2	
	・・・	・・・	・・・	・・・	

表 2-5　課程認定申請書類：①様式第 2 号（高・教科及び教科の指導法に関する科目）

施行規則に定める科目区分等			左記に対応する開設授業科目				備考
科目区分		各科目に含めることが必要な事項	授業科目	単位数		共通開設	
				必	選		
教科及び教科の指導法に関する科目	教科に関する専門的事項	国語学（音声言語及び文章表現に関するものを含む。）	日本語学概論	2			※「教科に関する専門的事項」及び「各教科の指導法（情報通信技術の活用を含む。）」における選択科目から 6 単位選択必修。
			日本語史	2			
			日本語学講読 A		2		
			日本語学講読 B		2		
			日本語学講読 C		2		
			日本語学講読 D		2		
		国文学（国文学史を含む。）	日本文学概論	2			
			日本文学史（古典）	2			
			日本文学史（近代）	2			
			古典文学講読 A		2		
			古典文学講読 B		2		
			古典文学講読 C		2		
			古典文学講読 D		2		
			近代文学講読 A		2		
			近代文学講読 B		2		
			近代文学講読 C		2		
			近代文学講読 D		2		
		漢文学	中国文学概論 A	2			
			中国文学概論 B	2			
			中国文学史		2		
		教科及び教科の指導法に関する科目における複数の事項を合わせた内容に係る科目					
		各教科の指導法（情報通信技術の活用を含む。）	国語科教育法 I	2			
			国語科教育法 II	2			
			国語科教材研究 A		2		
			国語科教材研究 B		2		

※共通開設欄・教職専任教員の記述は省略（以下同様）
※下線を引いた科目は一般的包括的内容を含む科目

表 2-6　課程認定申請書類：②様式第 2 号（高・教育の基礎的理解に関する科目等）

科目	各科目に含めることが必要な事項	単位数	授業科目	必	選	共通開設	備考
教育の基礎的理解に関する科目	教育の理念並びに教育に関する歴史及び思想	10	教育原論		2		1 科目選択必修
			教育学概論		4		
	教職の意義及び教員の役割・職務内容（チーム学校運営への対応を含む。）		教職論	2			
	教育に関する社会的、制度的又は経営的事項（学校と地域との連携及び学校安全への対応を含む。）		学校教育社会学	2			
	幼児、児童及び生徒の心身の発達及び学習の過程		教育心理学	2			
	特別の支援を必要とする幼児、児童及び生徒に対する理解		特別支援教育論	2			
	教育課程の意義及び編成の方法（カリキュラム・マネジメントを含む。）		教育課程論	2			
道徳、総合的な学習の時間等の指導法及び生徒指導、教育相談等に関する科目	総合的な探究の時間の指導法	8	総合的学習の時間の指導法	1			
	特別活動の指導法		特別活動論	1			
	教育の方法及び技術		教育の方法と技術（ICT 活用を含む。）	2			
	情報通信技術を活用した教育の理論及び方法						
	生徒指導の理論及び方法		生徒・進路指導論	2			
	進路指導及びキャリア教育の理論及び方法						
	教育相談（カウンセリングに関する基礎的な知識を含む。）の理論及び方法		教育相談	2			
			カウンセリング特論		2		
教育実践に関する科目	教育実習	3	教育実習指導 I	1			1 科目選択必修
			教育実習指導 II A		4		
			教育実習指導 II B		2		
	学校体験活動						
	教職実践演習	2	教職実践演習（中・高）	2			

表 2-7　課程認定申請書類：③様式第 2 号（大学が独自に設定する科目）

科目区分	授業科目	必	選	備考
大学が独自に設定する科目	道徳教育指導法		2	「大学が独自に設定する科目」の選択科目又は最低修得単位を超えて履修した「教科及び教科の指導法に関する科目」又は「教育の基礎的理解に関する科目」「道徳、総合的な学習の時間等の指導法及び生徒指導、教育相談等に関する科目」「教育実践に関する科目」について、併せて 12 単位以上を修得

●単位数　・教員の免許状取得のための必修科目（選択必修科目の単位数を含む）　0 単位
　　　　　・教員の免許状取得のための選択科目　2 単位
　　　　　・他の科目区分の単位数のうち最低修得単位数を超えている単位数の合計　34 単位

5-2　ケース 1

> 高一種免（国語）のみの取得を目指していた学生 A は、「教科に関する専門的事項」に関する科目の選択 4 単位を未修得となった（大学が定める「教科に関する専門的事項」に関する科目の最低修得単位数 30 単位に対して 4 単位不足）。しかし、教育の基礎的理解に関する科目において、選択科目の「教育学概論」4 単位を修得している。

表 2-8　ケース 1　学生 A（網掛けのある科目は修得済み単位）

第 1 欄	教科及び教職に関する科目	各科目に含めることが必要な事項		法定単位	授業科目	単位	履修要件
第 2 欄	教科及び教科の指導法に関する科目	教科に関する専門的事項	国語学（音声言語及び文章表現に関するものを含む。）	24	日本語学概論	2	必修
					日本語史	2	必修
					日本語学講読 A	2	選択
					日本語学講読 B	2	選択
					日本語学講読 C	2	選択
					日本語学講読 D	2	必修
			国文学（国文学史を含む。）		日本文学概論	2	必修
					日本文学史（古典）	2	必修
					日本文学史（近代）	2	必修
					古典文学講読 A	2	選択
					古典文学講読 B	2	選択
					古典文学講読 C	2	選択
					古典文学講読 D	2	選択
					近代文学講読 A	2	選択
					近代文学講読 B	2	選択
					近代文学講読 C	2	選択
					近代文学講読 D	2	選択
			漢文学		中国文学概論 A	2	必修
					中国文学概論 B	2	必修
					中国文学史	2	選択
		各教科の指導法（情報通信技術の活用を含む。）			国語科教育法 I	2	必修
					国語科教育法 II	2	必修
					国語科教材研究 A	2	選択
					国語科教材研究 B	2	選択
第 3 欄	教育の基礎的理解に関する科目	教育の理念並びに教育に関する歴史及び思想		10	教育原論	2	1 科目選択必修
					教育学概論	4	
		教職の意義及び教員の役割・職務内容（チーム学校運営への対応を含む。）			教職論	2	必修
		教育に関する社会的、制度的又は経営的事項（学校と地域との連携及び学校安全への対応を含む。）			学校教育社会学	2	必修
		幼児、児童及び生徒の心身の発達及び学習の過程			教育心理学	2	必修
		特別の支援を必要とする幼児、児童及び生徒に対する理解			特別支援教育論	2	必修
		教育課程の意義及び編成の方法（カリキュラム・マネジメントを含む。）			教育課程論	2	必修
第 4 欄	道徳、総合的な学習の時間等の指導法及び生徒指導、教育相談等に関する科目	総合的な探究の時間の指導法		8	総合的な学習の時間の指導法	1	必修
		特別活動の指導法			特別活動論	1	必修
		教育の方法及び技術			教育の方法と技術（ICT 活用を含む。）	2	必修
		情報通信技術を活用した教育の理論及び方法					
		生徒指導の理論及び方法			生徒・進路指導論	2	必修
		進路指導及びキャリア教育の理論及び方法					
		教育相談（カウンセリングに関する基礎的な知識を含む。）の理論及び方法			教育相談	2	必修
					カウンセリング特論	2	選択
第 5 欄	教育実践に関する科目	教育実習		3	教育実習指導 I	1	1 科目選択必修
					教育実習指導 II A ※	4	
					教育実習指導 II B ※	4	
		教職実践演習		2	教職実践演習（中・高）	2	必修
第 6 欄	大学が独自に設定する科目	教諭の基礎的理解に関する科目等に準ずる科目		12	道徳教育指導法	2	選択
					修得単位数	59	

※中高免両方取得の場合は II A、高一種免のみ取得の場合は II B。

■単位修得方法
①教科に関する専門的事項に関する科目は必修科目 14 単位を含み 30 単位以上修得すること。
②第 2 欄「各教科の指導法（情報機器及び教材の活用を含む。）」、第 3 欄〜第 5 欄の科目については、履修要件の表記にしたがって単位を修得すること。

【回　答】

　このケースでは「教育の理念並びに教育に関する歴史及び思想」において、教育原論（2単位）に加えて、教育学概論（4単位）を修得しており、教職専門科目の「最低修得単位数」を超えて修得した単位が「4単位」あります。「各教科の指導法」に関する科目を除く教職専門科目は「29単位」修得しています。教職専門科目（各教科の指導法）を「4単位」、そして教科（一般的包括的内容を含む科目）を含めると「26単位」あり、合計「59単位」となるため**取得可能**です。

　そもそも「教科に関する専門的事項」に関する科目の最低修得単位を「学生に配布するガイドブック」（☞表2-3：27頁）で「30単位」と定めている（☞27頁下から3行目）のになぜ「教科に関する専門的事項」に関する科目の修得単位が「26単位」で免許状を取得できるのでしょうか。それを理解するには免許法施行規則の知識が不可欠です。

　教職専門科目（各教科の指導法に関する科目を除く）（表2-3：第3欄〜第5欄）について、「必修」「選択必修」を単位数の少ない科目の単位数で修得した場合、単位数を合計すると「25単位」にしかなりません。具体的には次のとおりです。

第3欄	第4欄	第5欄
●教育原論（2単位） ●教職論（2単位） ●学校教育社会学（2単位） ●教育心理学（2単位） ●特別支援教育論（2単位） ●教育課程論（2単位）	●総合的な学習の時間の指導法（1単位） ●特別活動論（1単位） ●教育の方法と技術（ICT活用を含む。）（2単位） ●生徒・進路指導論（2単位） ●教育相談（2単位）	●教育実習指導Ⅰ（1単位） ●教育実習指導ⅡB（2単位） ●教職実践演習（中・高）（2単位） 合計：25単位

　上記の授業科目は、必修または選択必修として「課程認定申請書」（☞表2-6：30頁）で申請していますので、これらの科目の単位数の合計が教職専門科目の「最低修得単位数」となるのです。

　教職専門科目（「各教科の指導法に関する科目」☞表2-5：29頁）については免許法施行規則第4条第1項表備考第6号の規定により「4単位」以上必修となっています。開講授業科目として「国語科教育法Ⅰ」（2単位）と「国語科教育法Ⅱ」（2単位）の合計「4単位」は、課程認定申請書（表2-5）において「必修」「4単位」の授業科目として申請していますので、この「4単位」は必ず修得が必要になるでしょう。

　「教科に関する専門的事項」に関する科目は、各専門的事項において「一般的包括的内容」を含む科目の単位と「各教科の指導法」の必修単位4単位を含め、合計「24単位」の修得が必要になります。表2-5に示した程認定申請書では、授業科目名と単位数に下線を引いた科目が「一般的包括的内容」を含む科目です。なお、教育課程の変更届において、「一般的包括的内容」を含む科目は、下線ではなく、灰色網掛けで示すことになっています。

　「一般的包括的内容」を含む科目の最低修得単数合計は「12単位」になります。具体的には次のとおりです。

国語学（音声言語及び文章表現に関するものを含む。）	国文学（国文学史を含む。）	漢文学
●日本語学概論（2単位）	●日本文学概論（2単位） ●日本文学史（古典）（2単位） ●日本文学史（近代）（2単位）	●中国文学概論A（2単位） ●中国文学概論B（2単位） 合計：12単位

　「国文学（国文学史を含む。）」と「漢文学」の事項においては、「一般的包括的内容」を含む科目が2科目以上設定されています。「国文学（国文学史を含む。）」においては、3科目合計「6単位」が「一般

的包括的内容」を含む科目として設定されています。つまり 6 単位の内容でもって「国文学史を含む国文学の一般的包括的内容を満たす」として申請しているため、いずれか 1 科目でも未修得となった場合は、合計単位数の条件を満たしていても免許状申請はできません。

　「教科に関する専門的事項」に関する科目の単位は、「各教科の指導法」に関する科目とあわせて合計「24 単位」必要となります。「日本語史」（2 単位）は課程認定申請書では必修として申請していますが、「一般的包括的内容」を含む科目ではありません。免許法施行規則上では、「一般的包括的内容」を含む科目の単位と各教科の指導法の「4 単位」をあわせて「24 単位」の修得ができていれば、免許状取得の要件を満たします。「日本語史」（2 単位）は必修として申請されていても、「一般的包括的内容」を含んでいない（つまり、表 2-5 で下線が引かれていない）ことにもご注意ください。卒業要件上、「必修」でない限りは「未修得」となった場合であっても、免許状取得に影響は与えないのです。ただし、このケースの場合、大学として「必修」として申請している以上、学生にこの離齬についてどのように伝えるか検討しておきましょう。

　「教科に関する専門的事項」に関する科目は、平成 10（1998）年改正法以降平成 28（2018）年改正前まで（2018 年度以前入学生）までは「20 単位」の修得が必要でした。しかし、平成 28（2018）年改正法以降（2019 年度以降入学生）、「教科及び教科の指導法に関する科目」で「24 単位」が「法定最低修得単位数」となりました。したがって、教科の指導法を「8 単位」修得した場合は、「教科に関する専門的事項に関する科目」は「16 単位」の修得でもかまわないということになったのです（ただし、「一般的包括的内容」を含む科目の単位をすべて含んでいることが前提となります）。

　ここまでの単位数についての説明をまとめましょう。教職専門科目（「各教科の指導法」に関する科目を除く）の最低修得単位数は「25 単位」、教職専門科目（「各教科の指導法」に関する科目）の最低修得単位数は「4 単位」、「教科に関する専門的事項」に関する科目の最低修得単位数は「12 単位」となり、この 3 つの合計単位数は「41 単位」になります。

　「別表第 1」（☞表 2-1：22 頁）に規定されている「最低修得単位数 59 単位」から「41 単位」を引いた「18 単位」は、「選択科目」または「選択必修科目」の単位でもってあてることになります。これが法令上の「最低修得単位数」からみた「最低修得単位」の考え方になるのです。

　では、なぜこの大学の「学生に配布するガイドブック」（表 2-3）では、教科に関する科目の「最低修得単位」を「30 単位」としているのでしょう。教職専門科目の最低修得単位数は「25 単位」（「各教科の指導法」に関する科目を除く）と「4 単位」（「各教科の指導法」に関する科目）で「29 単位」となります。これを別表第 1 に規定されている「最低修得単位数 59 単位」から引くと「30 単位」になります。

　教職専門科目の「法定最低修得単位数」は「23 単位」のため、「25 単位」のうち「2 単位」は「大学が独自に設定する科目」の単位にまわります。「教科に関する専門的事項」に関する科目を「30 単位」修得すると、「教科及び教科の指導法に関する科目」の合計単位数が「34 単位」となります。そうなると「教科及び教科の指導法に関する科目」の「法定最低修得単位数」である「24 単位」を「10 単位」超えるため、その「10 単位」が「大学が独自に設定する科目」の単位にまわるわけです。結果として、「大学が独自に設定する科目」の「法定最低修得単位数」である「12 単位」を満たすことになるでしょう。この考え方により「教科に関する専門的事項」に関する科目の最低修得単位がなぜ「30 単位」に設定されているかを説明することができるのではないでしょうか。

　ここまで理解ができていないと、この問題の回答にたどりつくことはできません。この大学において、「教科及び教科の指導法に関する科目」の最低修得単位を超えて修得した 10 単位については、「法定最低修得単位数」を超えた単位であればよいので、教職専門科目の選択科目や選択必修科目でもって代替することも可能です。

　表にすると次のとおりです。

表 2-9　法令上と学生向けガイドブックにおける最低習得単位数の比較対照

免許法施行規則第 5 条に定める科目	最低修得単位数	
	法令上	ガイドブック
教科及び教科の指導法に関する科目（第 2 欄）	24	34
教職専門科目（第 3 欄～第 5 欄）	23	25
大学が独自に設定する科目（第 6 欄）	12	0
合　計	59	59

（1）大学が独自に設定する科目 12 単位の修得方法について

「教科及び教科の指導法に関する科目」に「10 単位」、教職専門科目（「教科の指導法」に関する科目を除く）に「2 単位」に割り振り、教科・教職の法定最低修得単位数を超えた余剰単位が「大学が独自に設定する科目」に回るという設定にしている。

「大学が独自に設定する科目」に開設している科目として「道徳教育指導法」があるが、履修は義務づけていない。

（2）教職専門科目（教科の指導法に関する科目を除く）

履修要件において「必修」「1 科目選択必修」となっている部分については必ず修得しないと免許状取得には至らない。

（3）教職専門科目（各教科の指導法に関する科目）

法令上「4 単位」を「必修」することになっている。「必修」となっている 2 科目「4 単位」の修得が必要。

（4）教科に関する専門的事項に関する科目

「必修」の「14 単位」のうち、「日本語史」の「2 単位」を除く「12 単位」をすべて修得しないと一般的包括的内容を含んだことにならないため、1 科目でも欠けてはならない。

★取得可否の判断のポイント

教職専門科目（「各教科の指導法」に関する科目を除く）「25 単位」、教職専門科目（「各教科の指導法」に関する科目）「4 単位」、「教科に関する専門的事項」に関する科目「12 単位」を含む合計で 59 単位修得できればよい。

5-3　ケース 2

高一種免（国語）のみの取得を目指していた学生Ｂは、教科に関する専門的事項に関する科目の必修科目「中国文学概論Ａ」の単位を修得できなかった。しかし、教科に関する専門的事項に関する科目の選択科目を 18 単位修得し、教科に関する専門的事項に関する科目の合計としては 30 単位を修得している。

【回　答】

「一般的包括的内容」を含む科目である「中国文学概論Ａ」が未修得であるため、取得不可です。1 つの事項内に「一般的包括的内容」を含む科目が複数設定されている場合、すべての「一般的包括的内容」を含む科目の単位を修得しなければ、その事項の「一般的包括的内容」を含んだことにはなりません。

表 2-10　ケース 2　学生 B（網掛けのある科目は修得済み単位）

第 1 欄	教科及び教職に関する科目	各科目に含めることが必要な事項			法定単位	授業科目	単位	履修要件
第 2 欄	教科及び教科の指導法に関する科目	教科に関する専門的事項	国語学（音声言語及び文章表現に関するものを含む。）		24	日本語学概論	2	必修
						日本語史	2	必修
						日本語学講読 A	2	選択
						日本語学講読 B	2	選択
						日本語学講読 C	2	選択
						日本語学講読 D	2	選択
			国文学（国文学史を含む。）			日本文学概論	2	必修
						日本文学史（古典）	2	必修
						日本文学史（近代）	2	必修
						古典文学講読 A	2	選択
						古典文学講読 B	2	選択
						古典文学講読 C	2	選択
						古典文学講読 D	2	選択
						近代文学講読 A	2	選択
						近代文学講読 B	2	選択
						近代文学講読 C	2	選択
						近代文学講読 D	2	選択
						中国文学概論 A	2	必修
			漢文学			中国文学概論 B	2	必修
						中国文学史	2	選択
		各教科の指導法（情報通信技術の活用を含む。）				国語科教育法 I	2	必修
						国語科教育法 II	2	必修
						国語科教材研究 A	2	選択
						国語科教材研究 B	2	選択
第 3 欄	教育の基礎的理解に関する科目	教育の理念並びに教育に関する歴史及び思想			10	教育原論	2	1 科目選択必修
		教職の意義及び教員の役割・職務内容（チーム学校運営への対応を含む。）				教育学概論	4	
						教職論	2	必修
		教育に関する社会的、制度的又は経営的事項（学校と地域との連携及び学校安全への対応を含む。）				学校教育社会学	2	必修
		幼児、児童及び生徒の心身の発達及び学習の過程				教育心理学	2	必修
		特別の支援を必要とする幼児、児童及び生徒に対する理解				特別支援教育論	2	必修
		教育課程の意義及び編成の方法（カリキュラム・マネジメントを含む。）				教育課程論	2	必修
第 4 欄	道徳、総合的な学習の時間等の指導法及び生徒指導、教育相談等に関する科目	総合的な探究の時間の指導法			8	総合的な学習の時間の指導法	1	必修
		特別活動の指導法				特別活動論	1	必修
		教育の方法及び技術				教育の方法と技術（ICT 活用を含む。）	2	必修
		情報通信技術を活用した教育の理論及び方法						
		生徒指導の理論及び方法				生徒・進路指導論	2	必修
		進路指導及びキャリア教育の理論及び方法						
		教育相談（カウンセリングに関する基礎的な知識を含む。）の理論及び方法				教育相談	2	必修
						カウンセリング特論	2	選択
第 5 欄	教育実践に関する科目	教育実習			3	教育実習指導 I	1	必修
						教育実習指導 II A ※	4	1 科目選択必修
						教育実習指導 II B ※	2	
		教職実践演習			2	教職実践演習（中・高）	2	必修
第 6 欄	大学が独自に設定する科目	教諭の基礎的理解に関する科目等に準ずる科目			12	道徳教育指導法	2	選択
					59	修得単位数	59	

※中高免両方取得の場合は II A、高一種免のみ取得の場合は II B。

■単位修得方法
①教科に関する専門的事項に関する科目は必修科目 14 単位を含み 30 単位以上修得すること。
②第 2 欄「各教科の指導法（情報機器及び教材の活用を含む。）」、第 3 欄～第 5 欄の科目については、履修要件の表記にしたがって単位を修得すること。

5-4　ケース 3

高一種免（国語）のみの取得を目指していた学生Cは、教科に関する専門的事項に関する科目の必修科目「日本語史」の単位を修得できなかった。しかし、教科に関する専門的事項に関する科目の選択科目を 18 単位修得し、教科に関する専門的事項に関する科目の合計としては 30 単位を修得している。

表2-11　ケース3　学生C（網掛けのある科目は修得済み単位）

第1欄	教科及び教職に関する科目	各科目に含めることが必要な事項			法定単位	授業科目	単位	履修要件
第2欄	教科及び教科の指導法に関する科目	教科に関する専門的事項	国語学（音声言語及び文章表現に関するものを含む。）		24	日本語学概論	2	必修
						日本語史	2	必修
						日本語学講読A	2	選択
						日本語学講読B	2	選択
						日本語学講読C	2	選択
						日本語学講読D	2	選択
			国文学（国文学史を含む。）			日本文学概論	2	必修
						日本文学史（古典）	2	必修
						日本文学史（近代）	2	必修
						古典文学講読A	2	選択
						古典文学講読B	2	選択
						古典文学講読C	2	選択
						古典文学講読D	2	選択
						近代文学講読A	2	選択
						近代文学講読B	2	選択
						近代文学講読C	2	選択
						近代文学講読D	2	選択
			漢文学			中国文学概論A	2	必修
						中国文学概論B	2	必修
						中国文学史	2	選択
		各教科の指導法（情報通信技術の活用を含む。）				国語科教育法Ⅰ	2	必修
						国語科教育法Ⅱ	2	必修
						国語科教材研究A	2	選択
						国語科教材研究B	2	選択
第3欄	教育の基礎的理解に関する科目	教育の理念並びに教育に関する歴史及び思想			10	教育原論	2	1科目選択必修
						教育学概論	4	
		教職の意義及び教員の役割・職務内容（チーム学校運営への対応を含む。）				教職論	2	必修
		教育に関する社会的、制度的又は経営的事項（学校と地域との連携及び学校安全への対応を含む。）				学校教育社会学	2	必修
		幼児、児童及び生徒の心身の発達及び学習の過程				教育心理学	2	必修
		特別の支援を必要とする幼児、児童及び生徒に対する理解				特別支援教育論	2	必修
		教育課程の意義及び編成の方法（カリキュラム・マネジメントを含む。）				教育課程論	2	必修
第4欄	道徳、総合的な学習の時間等の指導法及び生徒指導、教育相談等に関する科目	総合的な探究の時間の指導法			8	総合的な学習の時間の指導法	1	必修
		特別活動の指導法				特別活動論	1	必修
		教育の方法及び技術				教育の方法と技術（ICT活用を含む。）	2	必修
		情報通信技術を活用した教育の理論及び方法						
		生徒指導の理論及び方法				生徒・進路指導論	2	必修
		進路指導及びキャリア教育の理論及び方法						
		教育相談（カウンセリングに関する基礎的な知識を含む。）の理論及び方法				教育相談	2	必修
						カウンセリング特論	2	選択
第5欄	教育実践に関する科目	教育実習			3	教育実習指導Ⅰ	1	必修
						教育実習指導ⅡA※	4	1科目選択必修
						教育実習指導ⅡB※	2	
		教職実践演習			2	教職実践演習（中・高）	2	必修
第6欄	大学が独自に設定する科目	教論の基礎的理解に関する科目等に準ずる科目			12	道徳教育指導法	2	選択
					59	修得単位数	59	

※中高免両方取得の場合はⅡA、高一種免のみ取得の場合はⅡB。

■単位修得方法

①教科に関する専門的事項に関する科目は必修科目14単位を含み30単位以上修得すること。

②第2欄「各教科の指導法（情報機器及び教材の活用を含む。）」、第3欄〜第5欄の科目については、履修要件の表記にしたがって単位を修得すること。

【回　答】

　33頁でも述べたようにこのケーススタディにおける「日本語史」は「一般的包括的内容」を含まない授業科目のため、この大学において必修科目ではあるものの、免許法上は選択科目と同列の扱いになります。したがって、この科目が未修得でも、他の科目を2単位修得していれば免許法上の問題は生じません。よって取得可能です。ただし修得した学生にも配慮して、修得できなくても免許状を取得できるという説明を行う際には、伝え方に注意が必要でしょう。

5-5　ケース4

高一種免（国語）のみの取得を目指していた学生Dは、「教科に関する専門的事項」に関する科目は必修科目を含み「18単位」しか修得できなかった。しかし、「教科に関する専門的事項」に関する科目以外の授業科目は「教育実習指導ⅡA」以外の単位を全て修得し、合計単位は「59単位」修得している。

表 2-12　ケース4　学生D（網掛けのある科目は修得済み単位）

第1欄	教科及び教職に関する科目	各科目に含めることが必要な事項		法定単位	授業科目	単位	履修要件
第2欄	教科及び教科の指導法に関する科目	教科に関する専門的事項	国語学（音声言語及び文章表現に関するものを含む。）	24	日本語学概論	2	必修
					日本語史	2	必修
					日本語学講読A	2	選択
					日本語学講読B	2	選択
					日本語学講読C	2	選択
					日本語学講読D	2	選択
			国文学（国文学史を含む。）		日本文学概論	2	必修
					日本文学史（古典）	2	必修
					日本文学史（近代）	2	必修
					古典文学講読A	2	選択
					古典文学講読B	2	選択
					古典文学講読C	2	選択
					古典文学講読D	2	選択
					近代文学講読A	2	選択
					近代文学講読B	2	選択
					近代文学講読C	2	選択
					近代文学講読D	2	選択
			漢文学		中国文学概論A	2	必修
					中国文学概論B	2	必修
					中国文学史	2	選択
			各教科の指導法（情報通信技術の活用を含む。）		国語科教育法Ⅰ	2	必修
					国語科教育法Ⅱ	2	必修
					国語科教材研究A	2	選択
					国語科教材研究B	2	選択
第3欄	教育の基礎的理解に関する科目	教育の理念並びに教育に関する歴史及び思想		10	教育原論	2	1科目選択必修
					教育学概論	4	
		教職の意義及び教員の役割・職務内容（チーム学校運営への対応を含む。）			教職論	2	必修
		教育に関する社会的、制度的又は経営的事項（学校と地域との連携及び学校安全への対応を含む。）			学校教育社会学	2	必修
		幼児、児童及び生徒の心身の発達及び学習の過程			教育心理学	2	必修
		特別の支援を必要とする幼児、児童及び生徒に対する理解			特別支援教育論	2	必修
		教育課程の意義及び編成の方法（カリキュラム・マネジメントを含む。）			教育課程論	2	必修
第4欄	道徳、総合的な学習の時間等の指導法及び生徒指導、教育相談等に関する科目	総合的な探究の時間の指導法		8	総合的な学習の時間の指導法	1	必修
		特別活動の指導法			特別活動論	2	必修
		教育の方法及び技術			教育の方法と技術（ICT活用を含む。）	2	必修
		情報通信技術を活用した教育の理論及び方法					
		生徒指導の理論及び方法			生徒・進路指導論	2	必修
		進路指導及びキャリア教育の理論及び方法					
		教育相談（カウンセリングに関する基礎的な知識を含む。）の理論及び方法			教育相談	2	必修
					カウンセリング特論	2	選択
第5欄	教育実践に関する科目	教育実習		3	教育実習指導Ⅰ	1	必修
					教育実習指導ⅡA※	4	1科目選択必修
					教育実習指導ⅡB※	2	
		教職実践演習		2	教職実践演習（中・高）	2	必修
第6欄	大学が独自に設定する科目	教論の基礎的理解に関する科目等に準ずる科目		12	道徳教育指導法	2	選択
				59	修得単位数	59	

※中高免両方取得の場合はⅡA、高一種免のみ取得の場合はⅡB。

■単位修得方法
①教科に関する専門的事項に関する科目は必修科目14単位を含み30単位以上修得すること。
②第2欄「各教科の指導法（情報機器及び教材の活用を含む。）」、第3欄～第5欄の科目については、履修要件の表記にしたがって単位を修得すること。

【回　答】

「教科に関する専門的事項」に関する最低修得単位数の規定はないため、「一般的包括的内容」を含む科目を含んでいれば「20単位」を下回っても問題ありません。よって取得可能です。

　課程認定申請時には、開設単位数が「20単位」必要となっています。開設科目の単位は「20単位」分必要なものの、修得は「20単位」でなくてもよいのです。ここが開設の規定と修得の規定の異なる点です。開設と修得で必ずしも単位数が一致しないことを認識しておく必要があります。

▼教職課程認定基準
4-4　高等学校教諭の教職課程の場合
（1）「教科に関する専門的事項」に開設する授業科目は、一種免許状の課程の認定を受ける場合にあっては20単位以上開設するものとする。〈以下略〉

5-6　ケース5

高一種免（国語）のみの取得を目指していた学生Eは、「教科に関する専門的事項」に関する科目は必修科目を含み26単位しか修得できなかった。しかし、他学科受講で英語の「各教科の指導法（情報通信技術の活用を含む。）」に位置づけられている「英語科教育法（4単位）」を修得し、合計単位は59単位修得している。

【回　答】

他教科の指導法は大学が独自に設定する科目として扱うことはできません。よって取得不可となります。

▼ 2009年度全私教協教員免許事務研修会質問表（No.35）
Q　学力に関する証明書の作成にあたって、「教科又は教職に関する科目」には、教科に関する科目や教職に関する科目の法定最低修得単位を超えて修得した単位を含むことになりますが、申請教科以外の教科の指導法を含めることは可能でしょうか（例.　国語の証明書の又は科目に英語科指導法を含めることは可能かどうか）。
A　申請教科に係る科目のみ記載可能です。

　この解釈事例中の「教科又は教職に関する科目」という科目群は、平成10年改正法時から設けられた科目群です。平成28年改正法により「大学が独自に設定する科目」になりました。

　「大学が独自に設定する科目（平成10年改正法下での教科又は教職に関する科目」の単位修得方法としては、この科目群に開設されている科目の単位を修得するか、法定最低修得単位数を超えて履修した教職専門科目や教科に関する専門的事項に関する科目の単位を、この科目群の単位として扱う方法があるとされています。

▼教職課程再課程認定等説明会質問回答集（平成30年1月9日版）（No.285）
Q　「大学が独自に設定する科目」について、現行の「又は科目」のように、「教科及び教職に関する科目」で法定最低修得単位数を超えて履修した単位を、「独自科目」の単位として流用することができるのか。小学校課程の外国語の指導法や外国語の教科内容の科目を、幼稚園課程の「独自科目」に配置することは可能か。中学校課程の道徳教育の指導法を高校課程の「独自科目」に配置することは可能か。
A

表 2-13　ケース 5　学生 E（網掛けのある科目は修得済み単位）

第1欄	教科及び教職に関する科目	各科目に含めることが必要な事項			法定単位	授業科目	単位	履修要件
第2欄	教科及び教科の指導法に関する科目	教科に関する専門的事項	国語学（音声言語及び文章表現に関するものを含む。）		24	日本語学概論	2	必修
						日本語史	2	必修
						日本語学講読A	2	選択
						日本語学講読B	2	選択
						日本語学講読C	2	選択
						日本語学講読D	2	選択
			国文学（国文学史を含む。）			日本文学概論	2	必修
						日本文学史（古典）	2	必修
						日本文学史（近代）	2	必修
						古典文学講読A	2	選択
						古典文学講読B	2	選択
						古典文学講読C	2	選択
						古典文学講読D	2	選択
						近代文学講読A	2	選択
						近代文学講読B	2	選択
						近代文学講読C	2	選択
						近代文学講読D	2	選択
			漢文学			中国文学概論A	2	必修
						中国文学概論B	2	必修
						中国文学史	2	選択
		各教科の指導法（情報通信技術の活用を含む。）				国語科教育法Ⅰ	2	必修
						国語科教育法Ⅱ	2	必修
						国語科教材研究A	2	選択
						国語科教材研究B	2	選択
第3欄	教育の基礎的理解に関する科目	教育の理念並びに教育に関する歴史及び思想			10	教育原論	2	1科目選択必修
						教育学概論	4	
		教職の意義及び教員の役割・職務内容（チーム学校運営への対応を含む。）				教職論	2	必修
		教育に関する社会的、制度的又は経営的事項（学校と地域との連携及び学校安全への対応を含む。）				学校教育社会学	2	必修
		幼児、児童及び生徒の心身の発達及び学習の過程				教育心理学	2	必修
		特別の支援を必要とする幼児、児童及び生徒に対する理解				特別支援教育論	2	必修
		教育課程の意義及び編成の方法（カリキュラム・マネジメントを含む。）				教育課程論	2	必修
第4欄	道徳、総合的な学習の時間等の指導法及び生徒指導、教育相談等に関する科目	総合的な探究の時間の指導法			8	総合的な学習の時間の指導法	1	必修
		特別活動の指導法				特別活動論	1	必修
		教育の方法及び技術				教育の方法と技術（ICT活用を含む。）	2	必修
		情報通信技術を活用した教育の理論及び方法						
		生徒指導の理論及び方法				生徒・進路指導論	2	必修
		進路指導及びキャリア教育の理論及び方法						
		教育相談（カウンセリングに関する基礎的な知識を含む。）の理論及び方法				教育相談	2	必修
						カウンセリング特論	2	選択
第5欄	教育実践に関する科目	教育実習			3	教育実習指導Ⅰ	1	必修
						教育実習指導ⅡA ※	4	1科目選択必修
						教育実習指導ⅡB ※		
		教職実践演習			2	教職実践演習（中・高）	2	必修
第6欄	大学が独自に設定する科目	教諭の基礎的理解に関する科目等に準ずる科目			12	道徳教育指導法	2	選択
					59	修得単位数	55	

※中高免両方取得の場合はⅡA、高一種免のみ取得の場合はⅡB。

■単位修得方法
①教科に関する専門的事項に関する科目は必修科目 14 単位を含み 30 単位以上修得すること。
②第 2 欄「各教科の指導法（情報機器及び教材の活用を含む。）」、第 3 欄～第 5 欄の科目については、履修要件の表記にしたがって単位を修得すること。

○「大学が独自に設定する科目」の考え方については、基本的には従前の「教科又は教職に関する科目」との考え方と同じだが、理科や数学の免許状における「理数探究」のような教科を横断した科目や、幼小連携などの学校種の連携に主眼を置いた科目の設定も可能である。

○なお、対象学校種が小学校のみの科目は、幼稚園教諭養成課程の各科目に準ずる内容とは認められないため、「大学が独自に設定する科目」としても配置することはできない。

○中学校の「道徳の理論及び指導法」を高等学校の「大学が独自に設定する科目」に配置することは可能。（現行の取扱いから変更はない）

5-7 ケース6

中一種免・高一種免（国語）の両方の取得を目指していた学生Fは、「教科に関する専門的事項」に関する科目の選択「8単位」を未修得となった。「教育実習」については中学の免許状も取得するため、「教育実習指導ⅡA」を履修。また、中学の場合、「道徳の理論及び指導法」が必修のため、高一種免においては「大学が独自に設定する科目」の扱いとなる「道徳教育指導法」を修得している。加えて、中学の場合、指導法「8単位」の修得が必要なため（免許法施行規則第4条第1項表備考第六号）、「国語科教材研究A・B」も履修している。

表 2-14　ケース6　学生F（網掛けのある科目は修得済み単位）

第1欄	教科及び教職に関する科目	各科目に含めることが必要な事項		法定単位	授業科目	単位	履修要件
第2欄	教科及び教科の指導法に関する科目	教科に関する専門的事項	国語学（音声言語及び文章表現に関するものを含む。）	24	日本語学概論	2	必修
					日本語史	2	必修
					日本語学講読A	2	選択
					日本語学講読B	2	選択
					日本語学講読C	2	選択
					日本語学講読D	2	選択
			国文学（国文学史を含む。）		日本文学概論	2	必修
					日本文学史（古典）	2	必修
					日本文学史（近代）	2	必修
					古典文学講読A	2	選択
					古典文学講読B	2	選択
					古典文学講読C	2	選択
					古典文学講読D	2	選択
					近代文学講読A	2	選択
					近代文学講読B	2	選択
					近代文学講読C	2	選択
					近代文学講読D	2	選択
			漢文学		中国文学概論A	2	必修
					中国文学概論B	2	必修
					中国文学史	2	選択
		各教科の指導法（情報通信技術の活用を含む。）			国語科教育法Ⅰ	2	必修
					国語科教育法Ⅱ	2	必修
					国語科教材研究A	2	選択
					国語科教材研究B	2	選択
第3欄	教育の基礎的理解に関する科目	教育の理念並びに教育に関する歴史及び思想		10	教育原論	2	1科目選択必修
					教育学概論	4	
		教職の意義及び教員の役割・職務内容（チーム学校運営への対応を含む。）			教職論	2	必修
		教育に関する社会的、制度的又は経営的事項（学校と地域との連携及び学校安全への対応を含む。）			学校教育社会学	2	必修
		幼児、児童及び生徒の心身の発達及び学習の過程			教育心理学	2	必修
		特別の支援を必要とする幼児、児童及び生徒に対する理解			特別支援教育論	2	必修
		教育課程の意義及び編成の方法（カリキュラム・マネジメントを含む。）			教育課程論	2	必修
第4欄	道徳、総合的な学習の時間等の指導法及び生徒指導、教育相談等に関する科目	総合的な探究の時間の指導法		8	総合的な学習の時間の指導法	1	必修
		特別活動の指導法			特別活動論	1	必修
		教育の方法及び技術			教育の方法と技術（ICT活用を含む。）	2	必修
		情報通信技術を活用した教育の理論及び方法					
		生徒指導の理論及び方法			生徒・進路指導論	2	必修
		進路指導及びキャリア教育の理論及び方法					
		教育相談（カウンセリングに関する基礎的な知識を含む。）の理論及び方法			教育相談	2	必修
					カウンセリング特論	2	選択
第5欄	教育実践に関する科目	教育実習		3	教育実習指導Ⅰ	1	必修
					教育実習指導ⅡA ※	4	1科目選択必修
					教育実習指導ⅡB ※	2	
		教職実践演習		2	教職実践演習（中・高）	2	必修
第6欄	大学が独自に設定する科目	教諭の基礎的理解に関する科目等に準ずる科目		12	道徳教育指導法	2	選択
					修得単位数	59	
				59			

※中高免両方取得の場合はⅡA、高一種免のみ取得の場合はⅡB。

■単位修得方法

①教科に関する専門的事項に関する科目は必修科目14単位を含み30単位以上修得すること。

②第2欄「各教科の指導法（情報機器及び教材の活用を含む。）」、第3欄～第5欄の科目については、履修要件の表記にしたがって単位を修得すること。

【回　答】

中高両方の免許取得者の場合、「教育実習」（本実習）は「4単位」必要です。また、「道徳の理論及び指導法」「2単位」の修得も必要です。加えて、「国語科教材研究Ａ・Ｂ」も、両方の免許取得者の場合は修得しなければなりません。「教育実習指導ⅡＡ」の「4単位」の中の「2単位」、及び「国語科教材研究Ａ・Ｂ」分「4単位」が余剰単位として「大学が独自に設定する科目の単位」になります。「道徳教育指導法」の「2単位」も大学が独自に設定する科目になります。「教育実習指導ⅡＡ」の「1科目」の単位が「教職専門科目」と「大学が独自に設定する科目」の2つの区分の単位に分割されるというのは違和感があるかもしれません。しかし、教職専門科目の「最低修得単位数」を超えた単位は「大学が独自に設定する科目」の単位として扱うこととなっています。よって1科目の単位を2つの区分の単位として扱うことになります。ただし学力に関する証明書での「教育実習指導ⅡＡ」の証明は、教職専門科目の教育実習の欄で証明し、観念的に2単位が「大学が独自に設定する科目」にまわっていると理解することになります。

このケースの合計単位を計算してみましょう。教職専門科目（各教科の指導法を除く）を「27単位」、教職専門科目（各教科の指導法）を「8単位」、「教科に関する専門的事項」に関する科目を「22単位」、そして大学が独自に設定する科目を2単位の合計「59単位」となります。したがって取得可能です。

5-8　ケース7

> 高一種免（英語）と高一種免（国語）の両方の取得を目指していた学生Ｇは、高一種免（英語）は取得できたものの、高一種免（国語）については、教科に関する専門的事項に関する科目の選択科目の単位6単位が未修得となった。（☞表2-15：42頁）

【回　答】

「別表第4」（☞表2-16：43頁）による取得が可能です。別表第4による免許状の取得は、同一学校種で免許を保有している場合に可能で、同一学校種他教科の教科の指導法と「教科に関する専門的事項」に関する科目の単位のみで取得できる方法です。高一種免の場合、「教科に関する専門的事項」に関する科目「20単位」（一般的包括的内容を含む）と、教職専門科目において「教科の指導法」「4単位」の「24単位」修得があれば取得できます（免許法施行規則第15条）。

ただし、授与申請にあたっては、検定授与になるため（免許法第6条）、健康診断証明書の提出による身体に関する検定、所属長の推薦書または教育委員会職員との面接による人物に関する検定が行われ、その結果をもって授与されます。別表第4による取得にあたっては、大学が用意する書類（学力に関する証明書）以外に、検定が実施されるため、まずは申請しようとする教育委員会に必要書類・申請方法について申請者本人から尋ねるよう指示してください。

▼免許法

（教育職員検定）

第6条　教育職員検定は、受検者の人物、学力、実務及び身体について、授与権者が行う。

2　学力及び実務の検定は、第5条第2項及び第5項、前条第3項並びに第18条の場合を除くほか、別表第3又は別表第5から別表第8までに定めるところによって行わなければならない。

3　一以上の教科についての教諭の免許状を有する者に他の教科についての教諭の免許状を授与するため行う教育職員検定は、第1項の規定にかかわらず、受検者の人物、学力及び身体について行う。こ

の場合における学力の検定は、前項の規定にかかわらず、別表第4の定めるところによって行わなければならない。

表2-15　ケース7　学生G（網掛けのある科目は修得済み単位）

第1欄	教科及び教職に関する科目	各科目に含めることが必要な事項		法定単位	授業科目	単位	履修要件
第2欄	教科及び教科の指導法に関する科目	教科に関する専門的事項	国語学（音声言語及び文章表現に関するものを含む。）	24	日本語学概論	2	必修
					日本語史	2	必修
					日本語学講読A	2	選択
					日本語学講読B	2	選択
					日本語学講読C	2	選択
					日本語学講読D	2	選択
			国文学（国文学史を含む。）		日本文学概論	2	必修
					日本文学史（古典）	2	必修
					日本文学史（近代）	2	必修
					古典文学講読A	2	選択
					古典文学講読B	2	選択
					古典文学講読C	2	選択
					古典文学講読D	2	選択
					近代文学講読A	2	選択
					近代文学講読B	2	選択
					近代文学講読C	2	選択
					近代文学講読D	2	選択
			漢文学		中国文学概論A	2	必修
					中国文学概論B	2	必修
					中国文学史	2	選択
		各教科の指導法（情報通信技術の活用を含む。）			国語科教育法I	2	必修
					国語科教育法II	2	必修
					国語科教材研究A	2	選択
					国語科教材研究B	2	選択
第3欄	教育の基礎的理解に関する科目	教育の理念並びに教育に関する歴史及び思想		10	教育原論	2	1科目選択必修
					教育学概論	4	
		教職の意義及び教員の役割・職務内容（チーム学校運営への対応を含む。）			教職論	2	必修
		教育に関する社会的、制度的又は経営的事項（学校と地域との連携及び学校安全への対応を含む。）			学校教育社会学	2	必修
		幼児、児童及び生徒の心身の発達及び学習の過程			教育心理学	2	必修
		特別の支援を必要とする幼児、児童及び生徒に対する理解			特別支援教育論	2	必修
		教育課程の意義及び編成の方法（カリキュラム・マネジメントを含む。）			教育課程論	2	必修
第4欄	道徳、総合的な学習の時間等の指導法及び生徒指導、教育相談等に関する科目	総合的な探究の時間の指導法		8	総合的な学習の時間の指導法	1	必修
		特別活動の指導法			特別活動論	1	必修
		教育の方法及び技術			教育の方法と技術（ICT活用を含む。）	2	必修
		情報通信技術を活用した教育の理論及び方法					
		生徒指導の理論及び方法			生徒・進路指導論	2	必修
		進路指導及びキャリア教育の理論及び方法					
		教育相談（カウンセリングに関する基礎的な知識を含む。）の理論及び方法			教育相談	2	必修
					カウンセリング特論	2	選択
第5欄	教育実践に関する科目	教育実習		3	教育実習指導I	1	必修
					教育実習指導IIA※	4	1科目選択必修
					教育実習指導IIB※	2	
		教職実践演習		2	教職実践演習（中・高）	2	必修
第6欄	大学が独自に設定する科目	教諭の基礎的理解に関する科目等に準ずる科目		12	道徳教育指導法	2	選択
				59	修得単位数	57	

※中高免両方取得の場合はIIA、高一種免のみ取得の場合はIIB。

■単位修得方法

①教科に関する専門的事項に関する科目は必修科目14単位を含み30単位以上修得すること。

②第2欄「各教科の指導法（情報機器及び教材の活用を含む。）」、第3欄～第5欄の科目については、履修要件の表記にしたがって単位を修得すること。

表 2-16　別表第 4

第　一　欄		第　二　欄	第　三　欄
受けようとする他の教科についての免許状の種類 ／ 所要資格		有することを必要とする第一欄に掲げる教員の一以上の教科についての免許状の種類	大学において修得することを必要とする教科及び教職に関する科目の最低単位数
中学校教諭	専修免許状	専修免許状	52
	一種免許状	専修免許状又は一種免許状	28
	二種免許状	専修免許状、一種免許状又は二種免許状	13
高等学校教諭	専修免許状	専修免許状	48
	一種免許状	専修免許状又は一種免許状	24

▼免許法施行規則（抜粋）

第 15 条　免許法別表第 4 に規定する中学校又は高等学校の教諭の普通免許状の授与を受ける場合の教科及び教職に関する科目の単位の修得方法は、次の表の定めるところによる。

受けようとする免許状の種類		最低修得単位数		
		教科に関する専門的事項に関する科目	各教科の指導法に関する科目	大学が独自に設定する科目
中学校教諭	専修免許状	20	8	24
	一種免許状	20	8	
	二種免許状	10	3	
高等学校教諭	専修免許状	20	4	24
	一種免許状	20	4	

備考
一　教科に関する専門的事項に関する科目の単位の修得方法は、それぞれ第 4 条第 1 項の表備考第一号から第四号まで又は第 5 条第 1 項の表備考第一号に定める修得方法の例にならうものとする。
二　各教科の指導法に関する科目の単位は受けようとする免許教科ごとに修得するものとする。

第3章

教職課程事務の歩き方

基礎からの教職課程事務

初めて教職課程事務にたずさわられたみなさん、はじめまして！

以前、教職課程事務を極められた職員さんが「枝葉末節、多岐多様にわたる疑問・事例が生じるのが教員免許法の世界」とおっしゃっていましたが、まったくそのとおりでして、教務事務の中では容易には御せない仕事の1つではあります。しかしながら、「枝葉末節、多岐多様に渡る疑問・事例」が生じても、一から着実に知識を定着させることにより、それに対抗する力や考え方を得ることができます。といっても、実際の仕事では複合的に絡み合った事例に遭遇することがほとんどです。ただ、ゼロベースからの学びによって得るものは大きいです。ぜひ、一から一緒に教職課程事務の道を歩み始めましょう。

1　教職課程事務の概念的なもの ────────────────

みなさんの大学では「教職課程事務」をどちらの部署で担当しているでしょうか。教務課でしょうか。はたまた教職センターのような教職に特化した部署でしょうか。

いずれにしても、「教職課程事務」を行うにあたり、まずは自大学の「学位プログラム」に関する知識と「大学設置基準」についての知識が基礎知識として必要となるでしょう。いわゆる、「教務事務」の知識です。教職課程は決して独立した存在ではありません。図3-1のとおり、教職課程を履修する学生は、学位プログラムの履修と同時に教職課程プログラムを体系的に履修します。学位プログラムと教職課程プログラムは切っても切れない関係なのです。つまり業務分掌上、仕事の役割が切り離されていたとしても、それらを担当する職員の知識を切り離すことはできません。

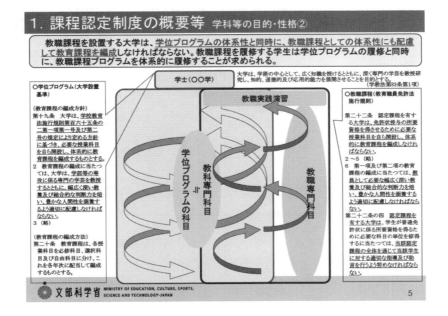

図 3-1　教職課程を履修する学生は、学位プログラムの履修と同時に教職課程プログラムを体系的に履修する
〈出典：2023.12.20 令和5年度教職課程認定等に関する事務担当者説明会資料〉

4月入学式	単位認定	履修登録	ミス発覚
編転入の学生が教職課程を希望	学生が希望する免許状の取得が可能となるよう適用法令を確認しながら既修得科目を単位認定する	単位認定も無事完了。学生の履修登録を念のため、確認。	進級要件のある学科であることを知らなかった。この履修計画では進級要件が満たせない。

教職課程における単位認定を行うときは希望する免許状に必要な単位はもとより、卒業要件単位、進級要件がある場合はその必要単位に至るまで履修計画に問題がないか慎重に行いましょう。

図 3-2 「教務事務」知識不足での「教職課程事務」ミスあるある（著者作成）

　必ずしも、「教務事務」を経験しなければ「教職課程事務」をこなすことができないという話ではありませんが、あくまで知識としてカバーしておくことが大事です。実は私も「教務事務」を経験するよりも先に「教職課程事務担当」になってしまった口です。

2　教職課程事務ってこんなもの

　まずは、一般的な教職課程事務をご紹介します。おおまかには以下のとおり、10種類に分かれています。

10種類の教職課程事務	「修得単位の知識」を必要とする事務	「課程認定の知識」を必要とする事務
1　履修指導	1　履修指導	1　履修指導
2　既修得単位の認定	2　既修得単位の認定	2　既修得単位の認定
3　介護等体験に関わる事務	3　介護等体験に関わる事務	3　介護等体験に関わる事務
4　教育実習に関わる事務	4　教育実習に関わる事務	4　教育実習に関わる事務
5　証明書作成	5　証明書作成	5　証明書作成
6　免許申請事務	6　免許申請事務	6　免許申請事務
7　変更届作成	7　変更届作成	7　変更届作成
8　課程認定申請	8　課程認定申請	8　課程認定申請
9　再課程認定申請	9　再課程認定申請	9　再課程認定申請
10　自己点検・評価	10　自己点検・評価	10　自己点検・評価

図 3-3　10 種類の教職課程事務と 2 つのカテゴリー

　また、この 10 種類の教職課程事務は、上の図の通り「修得単位の知識」を必要とする事務と、「課程認定の知識」（教職課程設置の知識）を必要とする事務の 2 つのカテゴリーに分かれることを押さえておきましょう。

　修得単位の知識が必要とされる事務は、すべてが免許を得させるために行う事務であると考えてください。つまり大学に教職課程履修者が存在する限り、永続的に行われるのです。教職課程事務においては、通常業務とされています。

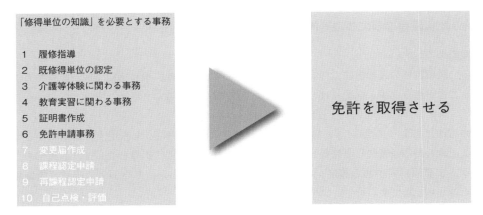

図3-4　1〜6の業務は免許取得という目的のために行われる

　一方で「課程認定の知識」が必要とされる事務は、「教職課程認定」を受ける、もしくは適正な状態で保持するための事務であると考えられます。つまり大学として対応が必要となった場合、または大学で決めた期間によってとり行われる事務ですので、毎年必ず行われるとは限りません。

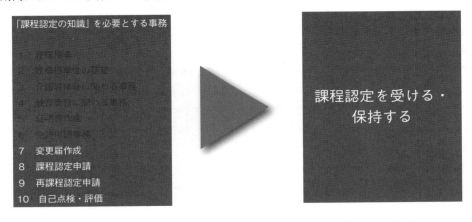

図3-5　7〜10の業務は課程認定を受ける・適正に保持するという目的のために行われる

　「修得に関する知識」と「課程認定の知識」を分けて考えることはきわめて重要です。これらはとても似ているようで、異なる知識であるからです。意識的に分けておかなければ、思わぬ事故につながる危険性さえあります。

　例えば、「免許法施行規則第66条の6」の「体育」は、2単位以上修得する必要がありますが、課程認定を受ける際には、「実技」と「講義」をあわせて2単位以上を設置するよう指導される場合があります。この指導があれば、「実技科目」と「講義科目」の両方を修得できるようにカリキュラムを設定します。

　しかしながら免許状を得させるための履修方法としては、「体育」に設置された科目から2単位以上を修得すればよいのです。つまり開設時には「実技科目」と「講義科目」の開設が必要で、両方の科目の単位の修得が必要と申請書に記載することになりますが、「実技2単位」または「講義2単位」の科目があればそれで満たすことができます。免許状取得の際の単位修得については、実技または講義を問わず、2単位を修得できれば免許状取得の「体育」の要件を満たすことができるのです。

　このように一方の知識のみで「履修指導」などを行うと、修得上必要のない条件をつけてしまいかねませんので、細心の注意が必要です。

3 10種類の教職課程事務について確認しましょう

3-1 履修指導

履修登録前に教職課程の履修方法についてガイダンスを実施したり、事務窓口で個別に履修方法について対応することがあります。学生には卒業までに単位を取り終えるよう見通しを立ててもらうことが重要です。

学内の履修方法にもよりますが、「二種代用」「単位認定」「単位流用」を利用する学生がいる場合は、履修ガイドに記載のある授業科目を修得しない方法となるため、個別に指導しましょう。大学の方針にもよりますが、事務担当者がある程度、履修科目の登録ミスがないか、あらかじめ確認（履修登録確認）しておくことも大切です。

3-2 既修得単位の認定

大学入学前に他大学などで修得した単位について、自大学において認定できる単位がある場合は、認定を行います。入学前の既修得単位ですから、入学した直後に1度だけ行います。後々になって認定した単位を修正したり、追加したりすることがあってはなりません。

3-3 「介護等体験」に関わる事務

教員が個人の尊厳及び社会連帯の理念に関する認識を深めることの重要性にかんがみ、教員の資質向上及び学校教育の一層の充実を図るため、小学校及び中学校の教諭の普通免許状取得希望者には「介護等体験」が義務づけられています。「介護等体験」は、特別支援学校での体験2日間、社会福祉施設での体験5日間の合計7日間の実施が一般的ですが、法令上、偏りがあっても問題ありません。特別支援学校における「介護等体験」については必ず行うようにすることが望ましいとされていますが、どちらか一方だけの7日間でも免許を申請できるのです。

「介護等体験」事務担当は、特別支援学校（特別支援学級を含む）、社会福祉施設の手配や実施にあたっての学生への指導や学校、施設へ提出する提出物の取りまとめなどを行います。施設によっては、実施1ヶ月以内の腸内細菌検査の結果書を求めるところも少なくありません。学生には、あらかじめ事前指導等でしっかりと説明しましょう。また、「介護等体験」証明書の書き方は細かく決められているため、学校や施設側の記載ミスには十分注意が必要です。修正には先方の訂正印が必要となるので、時間がかかります。いざ提出というときにミスが発覚すると、申請期間に間に合わない場合があります。担当者は年度ごとに発行された証明書にミスがないか必ず確認しましょう。

3-4 教育実習に関わる事務

教員養成を主たる目的としない4年制大学では教育実習というと4年次に実施することを思い浮かべるのではないでしょうか。そのためにはまず「教育実習先の確保」という重要事項があります。

大学によってスケジュールはさまざまですが、3年の早い時期から、「実習先の確保」を促す大学が多いようです。実習希望先が私立であれば、直接その学校へ依頼することになります。一方で、公立校を希望する場合は、都道府県・市区町村の教育委員会で取りまとめを行うことが少なくありません。事前に学生がどこの県を希望しているか、私立なのか公立なのかを把握し、予め手続き方法を調べておくとよいでしょう。近年、各教育委員会によってさまざまな条件や手続き方法を提示していますので、注意が必要です。

また、実習中はさまざまな問題が起こりやすく、そのほとんどは即日対応（即刻対応といっても過言ではありません）が求められます。実習校から突然のお叱りを受けることも少なくありません。教育実

習担当教員、実習の巡回教員とは常に連絡が取れるようにしておきましょう。実習校との書類送付や事務連絡だけが、教育実習事務ではありません。

3-5　証明書作成

　教職課程事務において「証明書作成」とは「学力に関する証明書」を作成することです。「学力に関する証明書」とは、基礎資格及び申請校種・教科に関係する単位の修得を証明する証明書のことです。免許法上、虚偽の証明書を発行した場合には刑事罰が規定されているので、注意をしなければなりません。特に、昨今では教職関係の法令改正が頻発しており、「学力に関する証明書」の様式修正作業の負担も大きいです。法令に関する深い知識が不可欠となっている業務といえるでしょう。

3-6　免許申請事務

　免許申請には、「大学一括申請」と「個人申請」があります。大学等がその長を経由して免許状の申請を行うものを「大学一括申請」、申請者本人が免許状の申請を行うことを「個人申請」といいます。これらの申請に関わる事務が免許申請事務です。ここでは免許申請事務において担当者にとって最も関わりが深い「大学一括申請」について説明しましょう。

　「大学一括申請」は大学が所在する都道府県の教育委員会によって事務手続きが異なります。東京都教育委員会を例に申請の流れをみてみましょう（図3-6）。

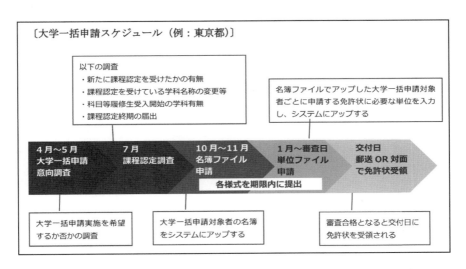

図3-6　免許申請に関する「大学一括申請」のスケジュール（例：東京都）（筆者作成）

　東京都教育委員会の大学一括申請は4月の大学一括申請意向調査から始まります。「修得単位の知識」に該当する、事務の総括とも言える業務です。十分な準備をして取り組まなければなりません。多くの大学では大学の成績確定から単位ファイル審査日までの期間が短いため、特にミスが起こりやすいからです。

　みなさんの大学が所在する都道府県の事務手続きを改めて確認してみてください。

3-7　変 更 届

　「免許法施行規則第21条第2項」に基づき、大学が課程認定後に教育課程を変更しようとする場合、あらかじめ文部科学大臣に届け出なければなりません。届出の種類は以下のとおりで、これらを作成することが変更届における事務です。

（1）教育課程の変更届

（2）教育課程の変更届（認定在外教育施設において教育実習を行おうとする場合）

（3）学科等の名称変更届

（4）学科等の入学定員変更届

（5）学科等の課程認定取下届

3-8　課程認定申請

「免許法別表第 1 備考第 5 号イ」及び「同法施行規則第 21 条」の規定により、教員の免許状授与の所要資格を得させるための課程認定を受ける場合は、文部科学大臣に課程認定の申請を行わなければなりません。その課程認定の申請事務全般を指します。

3-9　再課程認定申請

免許法の改正及び同法施行規則の改正により、全国の国公私立大学が開設する教職課程について認定を受け直すために必要な申請事務全般のことです。

3-10　自己点検・評価

各大学の教職課程の質を向上していくために、自らの責任で自大学の教職課程のさまざまな活動について点検・評価を行います。その結果をもとに改革、改善に努めるとともに、結果について広く情報公開を行うことについての事務全般のことです。

4　教職課程事務担当者の 1 年間ってこんなもの（主に通常業務）

教職課程事務の主な年間スケジュールをカレンダー形式で把握しておきましょう。年明けから年度末、年度明けにかけて、冬から春先まで、とても多忙でストレスがかかる仕事が山積みですね。とはいえ、他の季節も油断できません。乗り切るためのワンポイントをしっかり読み込んでおきましょう。

とある教職課程認定大学の教職課程事務カレンダー		
4 APR	教職担当ストレス　★★★★★	多忙さ　★★★★★
	【代表的な事務】 ・単位認定（既修得単位の認定） ・履修指導（入学生対象） ・履修登録確認（最終学年中心） ・介護等体験申込（特別支援学校） ・介護等体験事前指導 ・大学一括申請・教育実習調査※東京都の場合 ・学力に関する証明書作成（依頼がある場合）	
	【ワンポイント】 最も多忙な月の 1 つですが、「単位認定」「履修指導」「履修登録確認」をここで念入りに行っておけば、未然に事故が防げます。	

とある教職課程認定大学の教職課程事務カレンダー

5 MAY	教職担当ストレス　★★☆☆☆		多忙さ　★★☆☆☆
	【代表的な事務】 ・教育実習開始（前期分） ・介護等体験申込（社会福祉施設） ・介護等体験開始（特別支援学校） ・学力に関する証明書作成（依頼がある場合）		
	【ワンポイント】 特別支援学校での介護等体験は、学校に合わせるため、集合時間が比較的に早いです（8:15 ぐらい）。GW明けすぐの体験者には特に注意が必要です。		
6 JUN	教職担当ストレス　★★☆☆☆		多忙さ　★★☆☆☆
	【代表的な事務】 ・教育実習対応（前期分） ・学力に関する証明書作成（依頼がある場合）		
	【ワンポイント】 思わぬトラブルが教育実習には付き物と心得て、教職実習担当教員を含む担当同士で密に情報共有をしましょう。実習中の実習校からの連絡は即日対応が必要となることがほとんどです。		
7 JUL	教職担当ストレス　★★☆☆☆		多忙さ　★★☆☆☆
	【代表的な事務】 ・介護等体験事前指導（社会福祉施設） ・大学一括申請事務スケジュール作成 ・学力に関する証明書作成（依頼がある場合）		
	【ワンポイント】 東京都の場合、6 月末に大学一括申請の審査グループと審査日程が決定されるので、それにあわせて学内の書類作成スケジュールを作成する必要があります。		
8 AUG	教職担当ストレス　★☆☆☆☆		多忙さ　★☆☆☆☆
	【代表的な事務】 ・介護等体験開始（社会福祉施設） ・学力に関する証明書作成（依頼がある場合）		
	【ワンポイント】 社会福祉施設での体験は、腸内細菌検査など事前の提出物が特別支援学校での体験よりも多いでしょう。事務側でもどの学生がどの体験先で何を必要としているかを正確に把握し、提出漏れがないよう注意します。		
9 SEP	教職担当ストレス　★★★☆☆		多忙さ　★★★☆☆
	【代表的な事務】 ・履修登録確認（最終学年中心） ・自己点検・評価開始 ・教育実習開始（後期分） ・学力に関する証明書作成（依頼がある場合）		
	【ワンポイント】 自己点検自体は夏期休暇期間中に行っておくことが望ましいでしょう。		

とある教職課程認定大学の教職課程事務カレンダー		
10 OCT	教職担当ストレス ★★★☆☆	多忙さ ★★★☆☆
	【代表的な事務】 ・履修登録確認（最終学年中心） ・自己点検・評価開始 ・教育実習開始（後期分） ・学力に関する証明書作成（依頼がある場合）	
	【ワンポイント】	
	大学一括申請は様式提出、ファイルアップロードの時期が細かく指定されています。再度確認し、誤りがないよう担当同士で調整しておきましょう。	
11 NOV	教職担当ストレス ★★★☆☆	多忙さ ★★★☆☆
	【代表的な事務】 ・次年度の教職課程時間割確定 ・学力に関する証明書作成（依頼がある場合）	
	【ワンポイント】	
	まだまだ忙しさはピークを迎えません。確定された次年度の教職課程時間割で来年度最終学年となる学生が、科目を修得可能かを調べておきましょう。	
12 DEC	教職担当ストレス ★★★☆☆	多忙さ ★★★☆☆
	【代表的な事務】 ・学力に関する証明書作成（依頼がある場合）	
	【ワンポイント】	
	来年度から教員免許取得を考える卒業生から、学力に関する証明書発行の依頼が増えてきます。学力に関する証明書は教員免許取得において大変重要ですので、誤りがないよう細心の注意をもって臨みましょう。	
1 JAN	教職担当ストレス ★★★★★	多忙さ ★★★★★
	【代表的な事務】 ・変更届準備 ・学力に関する証明書作成（依頼がある場合）	
	【ワンポイント】	
	教職課程において届出が必要な変更がある場合、変更届を提出する必要があります。変更届漏れ、出し忘れが生じた場合、教育課程に多大なる影響を与えかねません。次年度の前期分についての〆切は3月末日ですが、昨今はデータ提出が可能となり、提出間際まで修正が可能です。それでも教員の研究業績待ちなどの必要性がない限り、極力3月初旬には提出できるペースで予定を組みましょう。	
2 FEB	教職担当ストレス ★★★★★	多忙さ ★★★★★
	【代表的な事務】 ・最終単位確認 ・大学一括申請審査 ・学力に関する証明書作成（依頼がある場合）	
	【ワンポイント】	
	大学一括申請審査前の最終単位確認となります。最終学年の前期登録時及び後期登録時に単位確認していれば、この月は後期に単位を落としてしまった場合の対応のみで済むはずです。	

とある教職課程認定大学の教職課程事務カレンダー		
3 MAR	教職担当ストレス　★★★★★	多忙さ　★★★★★
	【代表的な事務】 ・免許状受領 ・個人申請対応 ・変更届提出（変更がある場合） ・教職課程ガイダンス（2年生以上） ・情報公開（自己点検含む）	
	【ワンポイント】 免許状を受領できれば一安心ですが、大学一括申請の対象外学生がいる場合、個人申請の対応も求められます。特に新年度から教職に就く学生に対して短い期間で滞りなく個人申請を行う必要があるでしょう。	

5　免許法の別表を軽くおさらい

　教職課程事務を行うにあたり、免許状の授与の種類を押さえておきたいものです。自大学では取り扱ってない免許状も多いですが、卒業生から問い合わせがあった際に必ず役に立つはずです。

　普通免許状は免許法第5条別表第1、第2、第2の2に定める基礎資格を有し、かつ第3欄に定める単位を修得した者、または教育職員検定（免許法第6条）に合格した者に授与されます。免許状取得に関する単位を定めている「別表」は全部で10あり、「免許法第5条」関係の別表が3つ、「免許法第6条」関係の別表が7つあります。

5-1　免許法第5条

　「免許法第5条」関係の別表は、大学における単位修得のみで免許状を取得できる方法について定めています。大学における教職課程の履修により取得する一般的な方法です。

　別表第1・第2・第2の2における単位は、文部科学大臣が適当と認める課程（認定課程）において

表 3-1　別表第1（概略）

学校種	免許区分	基礎資格	必要単位数
幼稚園	専修免許状	修士	75単位
	一種免許状	学士	51単位
	二種免許状	短期大学士	31単位
小学校	専修免許状	修士	83単位
	一種免許状	学士	59単位
	二種免許状	短期大学士	37単位
中学校	専修免許状	修士	83単位
	一種免許状	学士	59単位
	二種免許状	短期大学士	35単位
高等学校	専修免許状	修士	83単位
	一種免許状	学士	59単位
特別支援学校	専修免許状	修士及び普通免許状	50単位
	一種免許状	学士及び普通免許状	26単位
	二種免許状	普通免許状	16単位

修得したもの（別表第1備考第五号イ）でならなければならないと規定されています。例外は「別表第1備考第五号ロ」に規定されています。「課程認定のない学科」等からの編転入時の「教科に関する専門的事項」に関する科目、「養護」に関する科目、「栄養に係る教育」に関する科目への認定が該当します。

　別表第1・第2・第2の2における免許状取得にあたっては、別表に定める「必要単位数」に加え、「免許法施行規則第66条の6」に定める単位を「8単位」修得する必要があります。また、小中学校の免許状取得にあたっては、介護等体験の実施も含まれます。

5-2　免許法第6条（教育職員検定）

　大学における単位修得に加え、教育委員会による検定に合格した場合に授与される取得方法です。主に現職の教員が、すでに有する免許状をもとに、「上位の免許状取得」（上進）を行ったり、他の免許状を取得する際にこの別表に基づき取得します。

　検定には「学力検定」「実務検定」「人物検定」「身体検定」の4つがあります。

学力検定：単位修得大学が発行する学力に関する証明書によって行う検定
実務検定：在職年数（良好な成績で勤務した期間に限る）を証明する、実務に関する証明書によって行う検定
人物検定：人物に関する証明書の提出または面接によって行う検定
身体検定：身体に関する証明書（健康診断証明書）の提出によって行う検定

表3-2　別表第3～別表第8（概略）

別表区分	検定内容
別表第3（上進）	基礎免許状＋学力（所定の単位）＋実務＋人物＋身体
別表第4（他教科）	基礎免許状＋学力（所定の単位）＋人物＋身体
別表第5（実習教科）	基礎資格（学位・基礎免許状・実務等）＋学力＋人物＋身体
別表第6（養護教諭上進）	基礎免許状＋学力（所定の単位）＋実務＋人物＋身体
別表第6の2（栄養教諭上進）	基礎免許状＋学力（所定の単位）＋実務＋人物＋身体
別表第7（特別支援学校教諭）	基礎免許状＋学力（所定の単位）＋実務＋人物＋身体
別表第8（隣接校種）	基礎免許状＋学力（所定の単位）＋実務＋人物＋身体

「別表第4」のみ「実務検定」がないため、教員経験がなくても取得できます。「別表第3」から「第8」までの内容を説明すると次のとおりです。

別表第3：幼稚園教諭、小学校教諭、中学校教諭、高等学校教諭免許状を取得している者が、教員の勤務経験を有したうえで、さらに上位の免許状を取得する場合の方法
別表第4：中学校教諭、高等学校教諭免許状を取得している者が、他の教科の免許状を取得する場合の方法（実務の検定がないため、教員の勤務経験は必要なし）
別表第5：中学校における職業実習、高等学校における看護実習・家庭実習・情報実習・農業実習・工業実習・商業実習・水産実習・福祉実習・商船実習の免許状の取得を希望する者が、その実習に関する実務経験を有したうえで取得する方法
別表第6：養護教諭免許状を取得している者が、教員の勤務経験を有したうえで、さらに上位の免許状を取得する場合の方法
別表第6の2：栄養教諭免許状を取得している者が、教員の勤務経験を有したうえで、さらに上位の

免許状を取得する場合の方法

別表第 7：幼稚園教諭、小学校教諭、中学校教諭、高等学校教諭免許状を取得している者が、教員の勤務経験を有したうえで、特別支援学校教諭二種免許状を取得する場合及び特別支援学校教諭免許状を取得している方が、教員の勤務経験を有したうえで、さらに上位の免許状を取得する場合の方法

別表第 8：幼稚園教諭、小学校教諭、中学校教諭、高等学校教諭免許状を取得している者が、教員の勤務経験を有したうえで、隣接する学校種の免許状を取得する場合の方法

5-3　免許法第 16 条

免許状授与の特例として、大学の教職課程を履修することなく、試験のみで免許状を取得する方法です。その試験のことを「教員資格認定試験」といい、「教職員支援機構ウェブサイト」に次のとおり記載されています。

> 教員資格認定試験は、広く一般社会に人材を求め、教員の確保を図るため、大学等における通常の教員養成のコースを歩んできたか否かを問わず、教員として必要な資質、能力を有すると認められた者に教員への道を開くために文部科学省が開催している試験です。

この試験により取得できる免許状の種類については、教員資格認定試験規程に多くの種類が規定されています。しかし、この規程に定めているすべての免許状についての試験が毎年行われているわけではありません。当年度に実施される試験科目（免許状の種類）については「教職員支援機構ウェブサイト」で確認するようにしてください。

2022（令和 4）年 12 月 19 日中央教育審議会「「令和の日本型学校教育」を担う教師の養成・採用・研修等の在り方について〜「新たな教師の学びの姿」の実現と、多様な専門性を有する質の高い教職員集団の形成〜（答申）」において、民間企業等の経験者を積極的に活用する観点が取り入れられました。また 2004（平成 16）年度以降休止していた「高等学校（情報）教員資格認定試験」を再開することになりました。

それに加え、小学校における教科指導の専門性を有する教師らが、小学校において多様な教材を活用して、より熟練した指導をすることや、児童生徒の発達段階を理解した、小学校から中学校への円滑な接続が目標とされました。そのため小学校教諭と中学校教諭の免許状の併有を促進することが重要であるとされており、小学校教員資格認定試験についても、小学校と中学校の両方の教員免許状の所持を促す観点から、一定年数以上教師として良好な成績の実務年数がある者については、試験科目の一部を免除することが提言されました。

この答申を受け 2024（令和 6）年度以降、「高等学校（情報）教員資格認定試験」を再開するとともに、「小学校教員資格認定試験」の一部試験科目の免除を実施することが 2023（令和 5）年 7 月 28 日に文部科学省から事務連絡で周知されました。事務連絡の詳細については、「中央教育審議会初等中等教育分科会教員養成部会（第 137 回）〈2023 年 9 月 28 日開催〉資料」において確認することができます。

第4章

教職課程事務の極意【1】

各業務のポイントを知りミスを防ぐ

　ここでは「修得単位の知識」に関わる教職課程事務のポイントについて解説します。なお3頁でも紹介したように教職課程認定大学等実地視察、いわゆる「実地視察」での指摘事項から学ぶのが最大の極意なのですが、それらについては本章に続く第5章、第6章をお読みください。

1　入学前の既修得単位のある学生への履修指導のポイント —————————

　教職課程の履修指導において重要なことは、学生ごとに免許法のどの条文を使って最終的に免許状を取得するかを明確にしておくことです。多くの学生は免許法第5条を用いて取得するでしょう。しかし、編転入学前の短期大学・大学（以下、出身大学）において既修得単位がある場合や、所持している免許状がある場合は、それによって修得すべき単位数は大きく変わります。

　これら既修得単位や免許状を有する者が、編転入後の大学において教職課程の履修を続けるとしましょう。以下に説明する単位認定、代用申請、流用という3つの方法のうちどれを選択することが最適なのか、履修すべき単位がいたずらに多くならないよう留意して指導をしましょう。

1-1　既修得単位の取扱い（単位認定・代用申請）

　「認定」とは、後で説明しますが、「免許法施行規則第10条の3第3項」や「免許法別表第一備考第五号のロ」の適用により、「出身大学において修得した単位」を編転入学後の大学が認定することにより、「編転入学後の大学の単位」として扱う方法です。主な適用場面としては、出身大学において免許状取得に至らなかった際、既修得単位を生かして一種免許状を取得する場合があげられます。また、出身大学で取得できる免許状とは異なる校種の免許状を取得する場合も認定を行います。

既修得単位の取扱い（単位認定する場合）

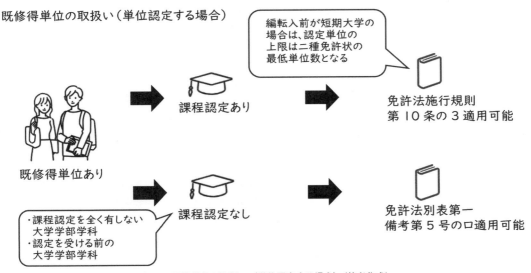

図4-1　既修得単位の取扱い（単位認定する場合）（筆者作成）

▼免許法施行規則

第10条の3 （略）

3 認定課程を有する大学に入学した者は、当該大学の認めるところにより、当該大学に入学する前に大学（認定課程を有する大学（授与を受けようとする普通免許状に係る学校に相当する学校の教員を養成する外国の大学を含む。）に限る。）において修得した科目の単位のうち、大学設置基準第30条第1項（大学院設置基準第15条において準用する場合を含む。）、専門職大学設置基準第26条第1項、短期大学設置基準第16条第1項、専門職短期大学設置基準第23条第1項又は専門職大学院設置基準第14条第1項、第22条第1項若しくは第28条第1項の規定により当該大学における授業科目の履修により修得したものとみなされるものについては、当該大学が有する認定課程に係る免許状の授与を受けるための科目の単位に含めることができる。この場合において、当該大学に入学する前の大学が短期大学である場合にあつては、第2条から第5条まで、第7条、第9条及び第10条に規定する二種免許状（高等学校教諭の普通免許状の授与を受ける場合にあつては、中学校教諭の二種免許状）に係る各科目の単位数を上限とする。

　認定課程を有する大学から、同じく認定課程を有する大学へ転入した場合、転入後の大学の単位認定により、転入前に修得した単位を認定課程に係る科目の単位に含めることができます。

　入学前の大学が短期大学である場合は、認定できる単位は二種免許状の最低修得単位数が上限となります。高等学校教諭免許状に短期大学の認定単位を使用する場合も、中学校教諭二種免許状の最低単位数が上限となります。

▼免許法（免許法別表第1備考）

五 （略）

　ロ　免許状の授与を受けようとする者が認定課程以外の大学の課程又は文部科学大臣が大学の課程に相当するものとして指定する課程において修得したもので、文部科学省令で定めるところにより当該者の在学する認定課程を有する大学が免許状の授与の所要資格を得させるための教科及び教職に関する科目として適当であると認めるもの

　入学前の大学の所属学科等に認定課程がまったくなかった場合、入学後の認定課程を有する大学が、領域に関する専門的事項に関する科目、教科に関する専門的事項に関する科目、養護に関する科目、栄養に係る教育に関する科目として認定し、証明することができます。

　出身大学において修得した単位を、認定せずに、上位の免許状の単位として扱うことを「使用」または「代用」といいます。以下の「免許法施行規則第10条の2第1項」や「第2項」を適用すると、同一学校種間で一種免許状を取得する場合に二種免許状取得時に修得した単位を一種免許状取得単位に含むこと（使用・代用）ができます。

▼免許法施行規則

第10条の2 幼稚園、小学校、中学校若しくは特別支援学校の教諭、養護教諭若しくは栄養教諭の一種免許状若しくは二種免許状を有する者若しくは高等学校教諭の一種免許状を有する者又はこれらの免許状に係る所要資格を得ている者が、免許法別表第1、別表第2又は別表第2の2の規定により、それぞれの専修免許状又は一種免許状の授与を受けようとするときは、これらの別表の専修免許状又は一種免許状に係る第三欄に定める単位数のうちその者が有し又は所要資格を得ている一種免許状又は二種免許状に係る第三欄に定める単位数は、既に修得したものとみなす。

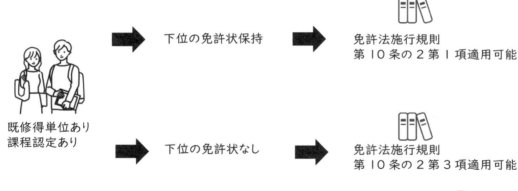

図 4-2　既修単位の取扱い（単位認定しない場合）（筆者作成）

　幼、小、中、高、特支、養護、栄養教諭免許状の専修免許状または一種免許状を取得しようとする者が、「下位の免許状」（一種免許状又は二種免許状）をすでに取得しているとしましょう。その場合、「下位の免許状取得に関わる単位数」を「別表第1」「別表第2」「別表第2の2」にて修得したものとみなすことができます。こうして下位の免許状との差の単位を大学等で新たに修得すると、専修免許状または一種免許状の授与条件を満たします。

▼免許法施行規則
第10条の2　（略）
3　免許法別表第1、別表第2又は別表第2の2の規定により幼稚園、小学校、中学校若しくは特別支援学校の教諭、養護教諭又は栄養教諭の専修免許状若しくは一種免許状の授与を受けようとする者又は高等学校教諭の専修免許状の授与を受けようとする者は、それぞれの一種免許状又は二種免許状（高等学校教諭の普通免許状の授与を受けようとする場合にあつては一種免許状）の授与を受けるために修得した科目の単位をこれらの別表の専修免許状又は一種免許状（高等学校教諭の普通免許状の授与を受けようとする場合にあつては専修免許状）に係る第三欄に掲げる単位数に含めることができる。ただし、第2条から前条までに規定する一種免許状又は二種免許状（高等学校教諭の普通免許状の授与を受けようとする場合にあつては一種免許状）に係る各科目の単位数を上限とする。

　幼、小、中、高、特支、養護、栄養教諭免許状の専修免許状または一種免許状の授与を受けようとする者は、それぞれ一種免許状又は二種免許状の授与を受けるために修得した単位を、一種免許状または二種免許状の法定単位数を上限として、使用・代用することができます。

1-2　単位の流用

　単位の流用にはどんな事例があるのでしょうか。幼稚園の課程認定は受けていないが、中学校や高等学校の課程認定を受けている例で考えてみましょう。課程認定を受けている免許状について所要資格を得ている場合のみ、中学校や高等学校の教職課程において修得した単位を課程認定を受けていない免許状の課程（この場合だと幼稚園）の免許状取得にかかる単位として使用することができることを単位の

流用といいます。ただし、流用可能な単位は教職専門科目に限定されます。

流用が可能になると、取得しようとする免許状の課程において教職専門科目の単位修得が15単位ほど軽減されます。

単位の流用を定めている、主だった規定を確認していきましょう。

▼免許法施行規則第2条備考11

十一　教諭の教育の基礎的理解に関する科目等の単位は、教育の基礎的理解に関する科目にあつては8単位（二種免許状の授与を受ける場合にあつては6単位）まで、道徳、総合的な学習の時間等の指導法及び生徒指導、教育相談等に関する科目にあつては2単位まで、教育実習にあつては3単位まで、教職実践演習にあつては2単位まで、小学校、中学校又は高等学校の教諭の普通免許状の授与を受ける場合のそれぞれの科目の単位をもつてあてることができる（次条第1項及び第4条第1項の表の場合においても同様とする。）。

上記は、幼稚園・小学校・中学校の免許状を取得する場合において、幼稚園・小学校・中学校・高等学校の免許状取得のためにすでに修得した単位を流用できる規定です。

流用可能な単位は以下の①〜④となります。

①教育の基礎的理解に関する科目8単位（二種免許状の授与を受ける場合は6単位）まで
②道徳、総合的な学習の時間等の指導法及び生徒指導、教育相談等に関する科目2単位まで
③教育実習3単位まで
④教職実践演習2単位まで

表4-1　事例1：流用元が中学校の免許状で幼稚園の免許状を修得する場合

科目	各科目に含めることが必要な事項	幼稚園最低修得単位数		中学校から流用できる単位数の上限（免許法施行規則第2条備考11）
		二種免許状	一種免許状	
教育の基礎的理解に関する科目	教育の理念並びに教育に関する歴史及び思想	6	10	①8単位まで流用可（二種免許状の授与に受ける場合の流用できる単位数は6単位まで）※1
	教職の意義及び教員の役割・職務内容（チーム学校運営への対応を含む。）			
	教育に関する社会的、制度的又は経営的事項（学校と地域との連携及び学校安全への対応を含む。）			
	幼児、児童及び生徒の心身の発達及び学習の過程			
	特別の支援を必要とする幼児、児童及び生徒に対する理解			
	教育課程の意義及び編成の方法（カリキュラム・マネジメントを含む。）			
道徳、総合的な学習の時間等の指導法及び生徒指導、教育相談等に関する科目	教育の方法及び技術（情報機器及び教材の活用を含む。）	4	4	②2単位まで流用可※2
	幼児理解の理論及び方法			
	教育相談（カウンセリングに関する基礎的な知識を含む。）の理論及び方法			
教育実践に関する科目	教育実習	5	5	③3単位まで流用可※3
	教職実践演習	2	2	④2単位まで流用可

※1、※2、※3については次頁を参照のこと。

※1 ▶▶▶教育課程の意義及び編成の方法（カリキュラム・マネジメントを含む。）の部分は、小学校の教諭の普通免許状の授与を受ける場合の単位からのみ流用できる。流用元が中学校ならば、教育課程の意義及び編成の方法（カリキュラム・マネジメントを含む。）には単位を流用することはできない。

▼経過措置等に係るＱ＆Ａ集〔平成 31 年 2 月 5 日〕（No.33）
Q　施行規則第 2 条第 1 項備考 11 に基づき教育の基礎的理解に関する科目の単位を流用する場合、教育課程の意義及び編成の方法（カリキュラム・マネジメントを含む。）の部分については、備考 12 の反対解釈により、中学校及び高等学校の単位は流用できないのでしょうか。（中一種所持者が幼一種を取得する場合において施行規則第 2 条第 1 項備考 11 に基づき教育の基礎的理解に関する科目について 8 単位流用した場合、残りの 2 単位は教育課程の意義及び編成の方法（カリキュラム・マネジメントを含む。）の部分を含んで修得する必要がありますか。）
A　お見込みのとおり、事例の場合、「教育課程の意義及び編成の方法に関する科目」については、小学校の教諭の普通免許状の授与を受ける場合の単位からのみ流用できる（中学校及び高等学校の教諭の普通免許状の授与を受ける場合の単位は流用できない）。
　　また、教育の基礎的理解に関する科目について 8 単位流用した場合、残りの 2 単位は修得していない事項について修得しなければならないため、「教育課程の意義及び編成の方法（カリキュラム・マネジメントを含む。）」の事項について修得しておらず、流用することもできない場合、当該事項について修得する必要がある。

※2 ▶▶▶中学校の免許状を流用元として幼稚園の免許状を修得する場合は、「教育相談（カウンセリングに関する基礎的な知識を含む。）の理論及び方法部分のみ 2 単位まで流用可能となる。

▼経過措置等に係るＱ＆Ａ集〔平成 31 年 2 月 5 日〕（No.33）
Q　道徳、総合的な学習の時間等の指導法及び生徒指導、教育相談等に関する科目の単位を流用する場合、教育の方法及び技術（情報機器及び教材の活用を含む。）の部分についても No.33 と同様ですか。
A　【質問 33 参照】

※3 ▶▶▶中学校の免許状を取得する際、教育実習に学校体験活動を含んだ場合には、学校体験活動部分については教育実習の単位流用を認めない。

▼教育公務員特例法等の一部を改正する法律等に関する質問回答集（No.40）
Q　「教育実習に学校体験活動を含んだ場合には、他の学校種の免許状取得における教育実習の単位流用を認めない。」とは、具体的には、どのような流用方法が認められないのか。
A　教育実習の必要単位の一部に学校体験活動の単位を充てる場合には、残りの単位数は必ず当該校種の教育実習の単位である必要があり、他校種の教育実習の単位を流用することはできない。
　　また、逆に、教育実習の必要単位の一部に他校種の教育実習の単位を流用する場合には、残りの単位数は必ず当該校種の教育実習の単位である必要があり、学校体験活動の単位を充てることはできない。

▼免許法施行規則第2条第1項表備考第12号（幼小間のみ）

十二　教育の基礎的理解に関する科目（教育課程の意義及び編成の方法（カリキュラム・マネジメントを含む。）に係る部分に限る。次条第1項、第4条第1項、第5条第1項、第9条及び第10条の表（表の部分に限る。）を除き、以下「教育課程の意義及び編成の方法に関する科目」という。）並びに道徳、総合的な学習の時間等の指導法及び生徒指導、教育相談等に関する科目（教育の方法及び技術（情報機器及び教材の活用を含む。）に係る部分に限る。附則第10項の表備考第二号イにおいて「教育の方法及び技術に関する科目」という。）の単位のうち、2単位（二種免許状の授与を受ける場合にあつては1単位）までは、小学校の教諭の普通免許状の授与を受ける場合の単位をもつてあてることができる（次条第1項の表の場合においても同様とする。）。

幼稚園の免許状と小学校の免許状間でのみ、単位を流用できる規定があります。
流用可能な単位は以下のとおりです。

①教育課程の意義及び編成の方法（カリキュラム・マネジメントを含む。）と教育の方法及び技術（情報機器及び教材の活用を含む。）の部分についてのみ2単位（二種免許状の授与を受ける場合は1単位）まで

表4-2　事例2：流用元が中学校の免許状で幼稚園の免許状を修得する場合

科目	各科目に含めることが必要な事項	幼稚園 最低修得単位数		小学校から流用できる 単位数の上限 （免許法施行規則第2条 備考12）
		二種免許状	一種免許状	
教育の基礎的理解に関する科目	教育の理念並びに教育に関する歴史及び思想	6	10	
	教職の意義及び教員の役割・職務内容（チーム学校運営への対応を含む。）			
	教育に関する社会的、制度的又は経営的事項（学校と地域との連携及び学校安全への対応を含む。）			
	幼児、児童及び生徒の心身の発達及び学習の過程			
	特別の支援を必要とする幼児、児童及び生徒に対する理解			
	教育課程の意義及び編成の方法（カリキュラム・マネジメントを含む。）			①2単位まで流用可（二種免許状の授与に受ける場合の流用できる単位数は1単位まで）
道徳、総合的な学習の時間等の指導法及び生徒指導、教育相談等に関する科目	教育の方法及び技術（情報機器及び教材の活用を含む。）	4	4	
	幼児理解の理論及び方法			
	教育相談（カウンセリングに関する基礎的な知識を含む。）の理論及び方法			
教育実践に関する科目	教育実習	5	5	
	教職実践演習	2	2	

▼免許法施行規則第2条第1項表備考第13号

十三　保育内容の指導法に関する科目の単位のうち、半数までは、小学校教諭の普通免許状の授与を受ける場合の教科及び教科の指導法に関する科目（各教科の指導法（情報通信技術の活用を含む。）に係る部分に限る。次条第1項、第4条第1項及び第5条第1項の表（表の部分に限る。）を除き、以下「各教科の指導法に関する科目」という。）又は道徳、総合的な学習の時間等の指導法及び生徒

指導、教育相談等に関する科目（特別活動の指導法に係る部分に限る。次条第1項、第4条第1項、第5条第1項の表（表の部分に限る。）を除き、以下「特別活動の指導法に関する科目」という。）の単位をもつてあてることができる。

　幼稚園の免許状に必要な単位を、小学校の教諭の普通免許状の授与を受ける場合の単位からのみ流用できる規定です。保育内容の指導法の単位のうち、半数までを流用できることから、通称「半数振替」などと呼ばれます。流用可能な単位は以下のとおりです。

①保育内容の指導法に関する科目の単位のうち、小学校教諭の普通免許状の授与を受ける場合の各教科の指導法（情報通信技術の活用を含む。）または特別活動の指導法の単位の半数まで。

表4-3　事例3：流用元が小免で幼免を修得する場合

教科及び教職に関する科目	各科目に含めることが必要な事項	幼稚園最低修得単位数		小学校から流用できる単位数の上限（免許法施行規則第2条備考12）
		二種免許状	一種免許状	
領域及び保育内容の指導法に関する科目	領域に関する専門的事項	12	16	（「修得すべき領域及び保育内容の指導法に関する科目の単位数（16単位）」−「領域に関する専門的事項の単位数」）÷2まで流用可能
	保育内容の指導法（情報機器及び教材の活用を含む。）			

　最終的に「領域に関する専門的事項」で2単位修得した場合の計算は次のようになります。
　（16−2）÷2＝7　つまり、保育内容の指導法には7単位まで各教科の指導法（情報通信技術の活用を含む。）または特別活動の指導法の単位を流用することができるのです。

「領域に関する専門的事項」で修得した単位が多くなればなるほど流用できる単位は減少します。

・領域に関する専門的事項で4単位修得した場合
　（16−4）÷2＝6　（6単位まで流用可）
・領域に関する専門的事項で6単位修得した場合
　（16−6）÷2＝5　（5単位まで流用可）
・領域に関する専門的事項で8単位修得した場合
　（16−8）÷2＝4　（4単位まで流用可）

図4-3　「領域に関する専門的事項」で修得した単位が多くなれば流用できる単位は？（筆者作成）

▼免許法施行規則第3条第1項表備考第6号
六　各教科の指導法に関する科目の単位のうち、生活の教科の指導法に関する科目の単位にあつては2単位まで、特別活動の指導法に関する科目の単位にあつては1単位まで、幼稚園の教諭の普通免許状の授与を受ける場合の保育内容の指導法に関する科目の単位をもつてあてることができる。

　小学校の免許状に必要な単位を、幼稚園の教諭の普通免許状の授与を受ける場合の単位からのみ、流用できる規定です。
　流用可能な単位は以下のとおりです。

①生活の教科の指導法に関する科目の単位に2単位まで、特別活動の指導法に関する科目の単位に1単位まで。

表 4-4　事例 4：流用元が小免で幼免を修得する場合

教科及び教職に関する科目	各科目に含めることが必要な事項	幼稚園最低修得単位数		幼稚園から流用できる単位数の上限（免許法施行規則第 3 条備考 6）
		二種免許状	一種免許状	
教科及び教科の指導法に関する科目	領域に関する専門的事項	16	30	―
	各教科の指導法（情報機器及び教材の活用を含む。）			生活の教科の指導法 2 単位流用可能

科目	各科目に含めることが必要な事項	小学校最低修得単位数		幼稚園から流用できる単位数の上限（免許法施行規則第 3 条備考 6）
		二種免許状	一種免許状	
教育の基礎的理解に関する科目	教育の理念並びに教育に関する歴史及び思想	6	10	特別活動の指導法に 1 単位流用可能
	教職の意義及び教員の役割・職務内容（チーム学校運営への対応を含む。）			
	教育に関する社会的、制度的又は経営的事項（学校と地域との連携及び学校安全への対応を含む。）			
	幼児、児童及び生徒の心身の発達及び学習の過程			
	特別の支援を必要とする幼児、児童及び生徒に対する理解			
	教育課程の意義及び編成の方法（カリキュラム・マネジメントを含む。）			
道徳、総合的な学習の時間等の指導法及び生徒指導、教育相談等に関する科目	道徳の理論及び指導法	6	10	
	総合的な学習の時間の指導法			
	特別活動の指導法			
	教育の方法及び技術			
	情報通信技術を活用した教育の理論及び方法			
	生徒指導の理論及び方法			
	教育相談（カウンセリングに関する基礎的な知識を含む。）の理論及び方法			
	進路指導及びキャリア教育の理論及び方法			
教育実践に関する科目	教育実習	5	5	
	教職実践演習	2	2	

　このように、複数の課程で単位を修得する場合、「単位の流用」は単位数を軽減するために非常に有効な手段です。しかしながら、利用にあたっては、各表の「※」印にも説明があったとおり、少し複雑な条件や注意事項があります。また、単純に単位の軽減だけを考えて履修指導をしてしまっては、大学の目標としている、本来の教員像には程遠い養成を行ってしまいかねません。利用の際には、教員と職員が単位の流用についてじっくりと話し合い、大学として何をどこまで使うのかということも決めておくようにしましょう。

事例5：リアルな「単位の流用」利用者の履修指導

小学校教諭一種免許状所持者に単位の流用を利用して、卒業までに幼稚園一種免許状の取得を目指したが、最高学年で幼稚園教諭二種免許状取得に切り替えたいと相談された場合。

〔希望当初の計画：免許法施行規則第2条備考11・12・13を複合的に利用〕

表4-5　リアルな「単位の流用」利用者の履修指導

教科及び教職に関する科目	各科目に含めることが必要な事項	最低修得単位数	履修計画	修得予定単位数	現行の履修単位
領域及び保育内容の指導法に関する科目	領域に関する専門的事項	16 (12)	1単位履修	1	1
	保育内容の指導法（情報機器及び教材の活用を含む。）		7単位流用 8単位履修	15	9

科目	各科目に含めることが必要な事項	最低修得単位数	履修計画	修得予定単位数	現行の履修単位
教育の基礎的理解に関する科目	教育の理念並びに教育に関する歴史及び思想	10 (6)	8単位流用可 ※1	10	10
	教職の意義及び教員の役割・職務内容（チーム学校運営への対応を含む。）				
	幼児、児童及び生徒の心身の発達及び学習の過程				
	教育に関する社会的、制度的又は経営的事項（学校と地域との連携及び学校安全への対応を含む。）				
	特別の支援を必要とする幼児、児童及び生徒に対する理解				
	教育課程の意義及び編成の方法（カリキュラム・マネジメントを含む。）		2単位流用 ※2		
道徳、総合的な学習の時間等の指導法及び生徒指導、教育相談等に関する科目	教育の方法及び技術（情報機器及び教材の活用を含む。）	4 (4)	1単位履修	1	1
	幼児理解の理論及び方法		1単位履修	1	1
	教育相談（カウンセリングに関する基礎的な知識を含む。）の理論及び方法		2単位流用	2	2
教育実践に関する科目	教育実習	5 (5)	2単位履修 (3単位流用)	5	5
	教職実践演習	2 (2)	2単位流用	2	2

科目区分	最低修得単位数	履修計画	修得予定単位数	現行の履修単位
大学が独自に設定する科目	14 (2)	14単位履修	14	0

最低修得単位数の（ ）内の数字は二種免許状における最低修得単位数。

　幼稚園の二種免許状となると、「領域及び保育内容の指導法に関する科目」の「最低修得単位数」が12単位であるため、「保育内容の指導法（情報機器及び教材の活用を含む。）」から2単位を履修しなければなりません。「領域に関する専門的事項」から履修すると、半数振替のもとの値が変わってしまうため、ここは注意が必要です。

　また、※1の流用が6単位まで、※2の流用が1単位までとなるため、「教育の基礎的理解に関する科目等」の余剰分としては1単位余剰となります。しかし、「大学が独自に設定する科目」を現行では未履修のため、ここで1単位以上修得するか、「保育内容の指導法（情報機器及び教材の活用を含む。）」もしくは「教育の基礎的理解に関する科目等」から1単位以上修得する必要があるでしょう。

このようなイレギュラーのみに注意すればよいわけではありません。卒業時に大学が求める教職課程の単位が満たせない場合にあっても、法定の最低単位数なら満たせるのか、あるいは、下位免許状であれば最低修得単位数が満たせるのかという確認は求められます。

免許状が取得できる可能性を伝えなかったがために、トラブルに発展した大学もあります。教職課程は大学のカリキュラムどおりに単位をチェックしていればよいというものではないので、細心の注意が必要です。

2　既修得単位の認定のポイント

教職課程における単位認定は、入学する前の大学が課程認定を有する場合に適用できる「免許法施行規則第10条の3」または入学する前の大学が課程認定を全く有さない場合に適用できる「免許法別表第一備考第5号のロ」です。「教職課程の単位認定」と「学位プログラムの単位認定」は別々に考える必要があります。編入学生の単位認定を行う場合、残りの修業年限で「学位プログラム」を修得すると同時に、「免許状の取得が可能な履修計画となるような単位認定であるか」の確認が求められます。短期大学から大学へ編入する場合で、「免許法施行規則第10条の3」を用いる場合など、別々に考えるあまり、学位プログラムの単位認定を多くしすぎてしまい、上進に必要となる単位分の履修科目が不足する事態に見舞われることがあります。

例えば、幼稚園教諭免許の課程認定のある短期大学から、同じ課程認定がある大学へ編入学した場合、学位プログラムだけを考える場合、残りの修業年限で無理なく卒業させるためには、概ね60単位程度の単位認定をしておきたいところです。そのため、領域及び保育内容の指導法に関する科目にかかる授業科目を学位プログラムのために、表4-6のように「網掛け部分の白抜き文字の箇所の15単位」を認定するとします。しかし、「免許法施行規則第10条の3」の適用を考えるとき、ここは短期大学からの編入学で幼稚園教諭2種免許取得の最低修得単位数が上限となることから、たとえ、学位プログラムで15単位認定したとしても、免許法上は、12単位までしか認定できません。このように学位プログラム上の単位認定と免許法上の単位認定がずれるような場合、もともとの設置単位数が多く、単位認定した科目以外の科目が沢山あれば問題は生じませんが、表4-6のように設置単位数が最低修得単位数に近い

表4-6　リアルな「単位の流用」利用者の履修指導

免許法施行規則に定める科目区分等			最低修得単位数	本学における開設授業科目等		
科目区分	各科目に含めることが必要な事項			左記に対応する開設授業科目	単位数	
					必修	選択必修
領域及び保育内容の指導法に関する科目	領域に関する専門的事項	健康	16	領域健康	1	
		人間関係		領域人間関係	1	
		環境		領域環境	1	
		言葉		領域言葉	1	
		表現		領域表現	1	
	保育内容の指導法（情報機器及び教材の活用を含む。）			保育内容総論	2	
				保育内容演習（健康）	2	
				保育内容演習（人間関係）	2	
				保育内容演習（環境）	2	
				保育内容演習（言葉）	2	
				保育内容演習（表現）	2	
合　計			16	本学が定める最低修得単位数	17	

場合は、学位プログラム側の単位認定が食い込むことにより、履修できる残りの単位数が2単位となり、すべて修得したとしても12単位＋2単位で幼稚園教諭1種免許取得の最低修得単位数16単位を満たせないことになります。

　表4-6の例は、わかりやすいように、極端な例をお示しいたしましたが、例えば、あと4科目、合計8単位分の単位が残っていたとしても、学位プログラムはあくまで4年間在籍している学生用に作成しているため、編入学生などは、履修年次が乱れがちで、他の必修科目と時間割上重複して履修できないなど、思わぬ落とし穴が尽きません。既修得単位の認定においては、残りの修業年限が少ない編転入学生には、特に注意をし、実際に履修登録した場合のシミュレーションをしてみて、はじめて単位認定がどこまでできるかが把握できると思って、取り組むことが重要です。

　また、「学位プログラム側の単位認定」と「免許法上の単位認定」がずれている場合は、後々の免許申請や学力に関する証明書作成を念頭に、どこまでを免許法上の単位認定としたのかを明らかにし、免許申請や証明書作成担当者の負担軽減についても、考慮するようにしましょう。

3　介護等体験に関わる事務のポイント

　体験に関わる事務は多岐に渡りますが、最終的に免許申請に必要なものは「介護等体験証明書」です。大学一括申請時に「介護等体験証明書」の記載ミスが発覚すると、申請できなくなる可能性もあります。毎年、介護等体験がすべて終了した時期には、必ず以下のような記入例やチェックリストを用いて確認し、ミスがあれば、同年度中に必ず修正するようにしましょう。

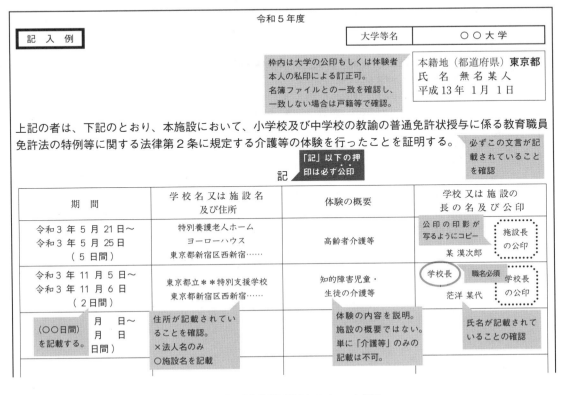

図4-4　「介護等体験証明書」のチェック箇所

介護等体験証明書チェックリスト
※様式4を提出する前に確認してください。

本籍地、氏名、生年月日について
- □ 本籍地（代替措置の場合は不要）、氏名、生年月日が全て記載されている
  （体験生本人が記入・訂正しても構いません）。
- □ 本籍地、氏名、生年月日の内容が名簿ファイルの内容と一致している。
  ※一致しない場合は戸籍抄本（謄本）等で本籍地、氏名、生年月日を確認する。
    - □ 証明書に誤りまたは変更がある→本人が私印により証明書を訂正する（大学の公印による訂正でも可）。
    - □ 名簿ファイルに誤りがある→名簿ファイルを訂正する。
    - □ 氏名・本籍地が異動した→変遷を戸籍抄本（謄本）等で確認し、その旨を様式4の備考に記載する。

文言について
- □ 「小学校及び中学校の教諭の普通免許状授与に係る教育職員免許法の特例等に関する法律
  第2条に規定する介護等の体験を行ったことを証明する。」という文言が記載されている。

期間について
- □ 体験の年月日を記入している（年も省略していない。）。
- □ 期間（○日間）を記入している（「R元.6.7〜8」等の記載があれば「2日間」の記入漏れがあっても可）。
- □ 体験期間が離れていたり、体験日が離れて3日間以上に及ぶ場合は、行を分けて記入している。

施設名等について
- □ 法人名だけでなく施設の名称や学校名が記入されている。
- □ 体験施設、学校の住所（所在地）が記載されている。

体験の概要について
- □ 体験の概要欄が体験内容を説明した内容となっている。
※「介護等」「授業見学」と書かれたものや「老人福祉施設」など施設の説明になっているものは不可です。

施設長等について
- □ 役職名（例：施設長、学校長等）が記載されている。※記入漏れが多いのでご注意ください。
- □ 施設の長・学校長の氏名が記載されている。
- □ 印は、施設の長又は学校長の公印である。
※施設の長の公印を設置していない場合は、施設を設置した法人の法人印でも結構です。
※施設の長の公印及び法人印も無い場合は私印で結構ですが、その場合、欄外に「○○施設では
  施設の長の公印を設置していないため、本証明は施設長○○○○の私印によって証明する。」
  と追記してください。

全体について
- □ 「記」から下の部分は、施設の長・学校長の公印で訂正されている。
- □ 修正液を使用していない。
- □ 証明書の写しで公印の印影が確認できる。

【解説集－11】

図4-5　介護等体験証明書チェックリスト
（出典：令和年度教育職員免許状大学一括申請様式解説集（東京都教育庁人事部選考課））

4　教育実習に関わる事務のポイント

　教育実習に関わる事務は、大学や実習校にもよりますが、教育実習を実施する1年以上前から始まります。まずは「学生の希望」を確認します。「出身地での教育実習を希望しているのか」「公立学校での

教育実習を希望しているのか」「私立学校での教育実習を希望しているのか」などを把握したうえで、適切に指導することが必要です。教育実習の担当教員との情報共有をしておくとよいでしょう。公立学校での教育実習を希望する場合、大学でまとめて教育委員会に希望申請をする場合もあります。複数の部署で教育実習事務を行っている場合には、部署間での情報共有もしておかなければなりません。

　教育実習の前年度には、大学から正式に教育実習の「依頼」をし、「承認書」をいただくことが一般的なようです。受け入れ人数の関係などにより、受け入れてもらえなかった場合、教育実習担当教員に相談し、早めに実習校を確保することが求められます。

　教育実習の日程については、1 年前におおよその日程が決まっている学校もあれば、1 か月前になっても決まらない学校もあります。学生や実習校とコミュニケーションを取りつつ、正確な日程を把握しておきましょう。思わぬ盲点になりやすいのですが、感染症対策として「麻疹の抗体検査結果書（予防接種の証明書等を含む）」などを求める実習校も少なくありません。直前になって慌てることがないよう、早めに準備をしておくように指導しましょう。また多くの教育実習校で、教育実習開始前に、事前オリエンテーション（打ち合わせ）が行われます。当然、スーツなどを着て参加することになりますので、服装などについての注意も必要です。

　教育実習開始前に、「個人票（簡単な履歴書のようなもの）」「評価票」「出勤簿」及び「返信用封筒」を教育実習校に郵送（または学生自身が持参）します。個人情報保護の観点から、「個人票」も返却してもらう方がよいでしょう。「評価票」については、実習校所定の様式を使用することもありますので、予め確認しておきましょう。

　教育実習中はさまざまなことが起こります。学生本人が病気になったり、台風などの自然災害が起こったり、途中で行くことができなくなったり、なかには無断で休んでしまう学生もいるでしょう。ある程度のことは想定し、教育実習担当教員とも連絡を密にし、何かあれば迅速に対応しましょう。教育実習が終了すると、実習校から「評価票」などが返送されてきます。「教育実習ノート」については、教育実習最終日に学生本人に返却する実習校もあれば、後日、「評価票」などと一緒に大学に郵送してくる実習校もあります。学生に対し、事前のガイダンスなどで、返信用封筒を渡しているので、郵送で大学に返却していただいてもよいということを伝えておくとよいでしょう。

　教育実習の謝礼金や手土産のことも気になるところです。これらについては、大学の方針や実習先により、さまざまです。勉強会や研究会などに参加し、他大学での取り組みについて聞いてみるとよいでしょう。

　教育実習は、「大学の授業」ですので、教育実習の担当教員を中心に、実習校に巡回指導に行くことが一般的です。実習校が遠方だからとの理由で巡回指導に行かないことは避けた方がよいでしょう（稀に教員の巡回指導を断る実習校もあります）。巡回指導に行くことができない場合、ビデオ会議システムなどを利用するのも 1 つの方法かもしれません。

5　「学力に関する証明書」を作成するポイント

　筆者の大学では「学力に関する証明書」を作る手順としては、以下の通りです。

1　依頼者が提出した①発行申請書から「適用免許法」「希望する免許状の校種と教科の種類」「所属していた学部・学科」を確認して、自大学の②「学力に関する証明書」の様式を選ぶ。
2　発行履歴を確認する（ある場合は確認資料とする）
3　学業成績表、在学時の履修要覧、③読替表を参考に、「学力に関する証明書」を作成する。
4　証明書担当同士でダブルチェックする。

5 コピーガード用紙で「学力に関する証明書」を印刷し、押印する。

「教育職員免許法第21条第1項」には、「次の各号のいずれかに該当する場合には、その違反行為をした者は、1年以下の懲役又は50万円以下の罰金に処する。」とあり、「第21条第1項第二号」には「第7条第1項又は第2項の請求があつた場合に、虚偽の証明書を発行したとき。」とあります。学力に関する証明書には、免許法上、罰則規定があるということです。もちろん、作成を誤ったからといってすぐさま、罰せられるわけではありませんが、「学力に関する証明書」は当事者にとってその後の人生に大きな影響を与えかねない重要な証明書であることは間違いありません。ですので、普段からミスを極力減らす努力をする必要があります。例えば、上の作成手順でいえば、傍線①、②、③は「学力に関する証明書」の依頼があってから整えるのではなく、普段の業務のなかで更新しておくことが大事です。

「①発行申請書」は依頼者に証明書発行にあたり必要事項を記載してもらう用紙ですが、これに、作成上過不足なく必要な事項が網羅されているか確認しておきましょう。「発行申請書」は、各大学のウェブサイトに掲載されていることが多いので、他大学の「発行申請書」を参考にするのもよいと思います。自大学では考えもつかなかったよいアイデアに出会えることも少なくありません。2年に1回程度は確認してみるといいと思います。

次に「②学力に関する証明書様式」は、「教育職員免許法施行規則」の一部改正などに応じて様式を変更する必要があります。新法になってからも、頻繁に改正がありました。文部科学省のウェブサイトにも、「学力に関する証明書」の様式の作成例がありますので、それを参考に自大学の様式に落し込んでおく必要があります。発行依頼がなくとも、様式の変更の必要がある場合は、そのたびに、更新しておきましょう。

最後に「③読替表」についてもまとめておくことが重要です。当時の履修要覧などを追えば、読替を行うことはできますが、法令改正時、自大学のカリキュラム変更時に必ず作成することを心がけましょう。一覧にしておくことで、学力に関する証明書作成時のミスを防ぎ、作成時間の短縮につながります。

また、読替表は証明する単位の増減に直接つながるものです。作成した場合は、「②の学力に関する証明書」フォーマットと共に教職課程の責任者や責任組織に必ず承認を得るようにしましょう。そうすることで証明書担当者自身にとっても無用なトラブルを回避することができます。

実際の作成時にも注意は必要ですが、「学力に関する証明書」を作成する際のポイントは、作成に伴って使用する資料や様式を普段から整えておくことによって、多くのミスを事前に防ぎ、作成時間を短縮することができることにあります。普段から作成に必要な資料と様式さえ、整えておけば、実際の証明書作成自体は新人さんに任せることもできるのです。「学力に関する証明書」の作成は自大学の教職課程の歴史と免許法令の流れを学ぶのに、とても適した業務です。逆に、作成に必要な資料が整っていない場合は、かなりの経験を積んだ熟練者が担当に就いておく必要があります。

6 免許申請事務のポイント

大学の教職課程事務担当としての「免許申請事務」といえば、当該年度に所要資格を得る学生について、大学などがその長を経由して免許状の申請を行う「大学一括申請」が中心ですが、取得方法などによっては、少数ですが個人で免許状の申請を行う「個人申請」のサポートも含まれます。

「大学一括申請」も「個人申請」も大半の申請業務を大学が行うか、個人で行うかの違いであり、大まかには、基本作業は以下の通り、ほぼ一緒です。

〔基本作業〕

①教育職員免許状に記載される基礎的な情報を作成する。

②「教育職員免許法第5条第1項第3号～第6号」までの規定に該当しないことを宣誓する。

③介護等体験証明書を提出する。

④取得済の単位を証明書し、審査を受ける。

⑤授与件数を確定し、申請手数料を支払う。

〔大学一括申請〕

※「令和5年度　教育職員免許状大学一括申請の手引き」（東京都教育庁人事部選考課）参考

①名簿ファイルを作成してシステムへアップロードする。

②宣誓書（様式7 教育職員免許状授与申請書（一括申請）宣誓書）を学生に作成させる。

③介護等体験証明書および必要な申請書類を提出する。

④単位ファイルを作成してシステムへアップロードする。

⑤審査後、単位ファイルの審査対象件数及び最終確定件数を報告し、申請手数料を支払う。

〔個人申請〕

※「教員免許状授与申請の手引き【別表第1・別表第2・別表2の2用】」（東京都教育庁人事部選考課）参考

① ②取得済み免許状確認書・戸籍関係書類。

③ 介護等体験証明書。

④ 学力に関する証明書。

⑤ 手数料支払い。

　上記のように、基本作業はほぼ同じですが、それぞれに、注意するポイントが異なります。まず、「大学一括申請」における「①名簿ファイルを作成してシステムへアップロードする」では、「申請する免許状種類」「教科」「本籍地」「氏名」「在籍機関」「在学期間」「介護等体験」「所要免許状の有無」などを「大学一括申請」者分作成し、アップロードします。この時、最も注意するべきポイントは、以下の4点です。

（ア）免許状に記載される事項に間違いはないか

（イ）氏名に使用できる文字は第二水準漢字（JIS2004）までであること（外字は第一、第二水準漢字に置き換える）を該当学生に認識させているか

（ウ）申請件数に間違いはないか

（エ）授与証明申請書の申込漏れはないか

　免許状に記載される事項とは、特に「免許状種類」「教科（教科がある場合）」「本籍地」「氏名」「生年月日」「根拠規定」「基礎資格」「教育機関名等」で、免許状に印字される部分です。こちらに不備がある場合は記載内容を変更する必要が出てきますので、十分に注意してください。特に、「氏名」の文字は第二水準漢字（JIS2004）までしか使用できません（東京都の場合）。申請者によっては、卒業証書等と異なる漢字を使用する場合もありますので、該当者には、必ず確認させるようにしましょう。

　また、大学内で申請件数に間違いがないか（いわゆる申請者漏れがないか）よく確認しておきましょう。特に教員の採用が内定している学生においては、短い期間での慣れない「個人申請」は、免許授与

の遅延につながり、思わぬトラブルになりかねません。

　最近は特に免許状の偽造事件もあり、採用側から免許状のコピーではなく、授与証明書の提出を求めるところも少なくありません。教員採用内定者には、就職に必要な書類をよく確認させてください。東京都の場合ですと、審査合格後に授与証明書の枚数を変更することができません。免許状の授与と同時に当該免許状の授与証明書を申請したい場合は必ず、この機会に行ってください。

　「②教育職員免許法第5条第1項第3号〜第6号までの規程に該当しないことを宣誓する」については、個人申請も同様に注意する事項があります。「第3号禁錮以上の刑に処せられた者」とは罰金刑や過料は該当しませんが、例えば「禁錮刑以上の道路交通法違反を起こしたことがある」などについては注意が必要です。なお、「禁錮刑」は令和7（2025）年6月1日から拘禁刑と刑罰名が変更となります。

　「③介護等体験証明書および必要な申請書類を提出する。」では、「3. 介護等体験に関わる事務のポイント」でも触れたように事前に介護等体験証明書の記載内容に間違いがないかを介護等体験が終了した時点で確認しておくことが重要です。また、同様に必要書類の中には単位の流用や単位認定をした者についての必要書類も含まれます。これらは、大学一括申請時にはじめて作成するものではなく、履修計画を立てて、履修指導をする際に作っておくべきものですので、早い段階で事前に作成することを心がけましょう。

　さて、ここまでは大学一括申請のポイントを中心に記載してきましたが、次に個人申請のポイントについてお話ししたいと思います。

　個人申請の重要ポイントとしては「申請者は「教員採用内定者」かどうか」という点です。

　教員採用内定者であった場合は、かなりの注意が必要となるからです。基本的に学力に関する証明書の発行は多くの大学が卒業式以降であり、教員として仕事を開始する日までの期間が短く、その短い期間で、申請を行う必要があることです。加えて、申請先が大学の所在地の都道府県教育委員会とは限らないという2点において、「免許状が間に合わない！」というトラブルに見舞われかねないのです。

　そうは言っても、国内の各都道府県教育委員会であれば、それほどの違いはないだろうと考えがちですが、実はかなり違いがあります。次ページ以降に示す、表4-7は各都道府県教育委員会のウェブサイトを確認して個人申請の際に注意が必要な事項についてまとめた一覧です。

　注目すべきは、「個人申請受付停止期間」と「授与・免許状の交付」です。県によって申請から交付までの時間が大分異なります。「個人申請受付停止期間」中であっても多くの都道府県では教員採用内定者について、「採用内定通知書等の提示」により対応可能であることが記載されています。ただし「授与等の期日指定の希望には一切応じられません。」と厳格な案内を出している県もあります。また「申請方法」「支払方法」でもかなり差が出ます。郵送申請のみであれば、郵送期間分も計算に入れて考えなければならないですし、「支払方法」も収入証紙のみ可の都道府県も多く、収入証紙とはどういうものか、購入方法も調べておく必要があります。

　「個人申請」の該当者には、予め、申請場所となる都道府県教育委員会において、個人申請方法をよく確認させることはもとより、事務担当者側もある程度、把握しておく必要があると考えます。

表 4-7　個人申請の際に注意が必要な事項（2024 年 4 月 14 日時点：各都道府県教育委員会ウェブサイトの情報を元に作成）

都道府県	個人申請受付停止期間	申請条件	窓口申請	郵送申請	電子申請	授与・免許状の交付	手数料	支払方法	備考
北海道	2/16～3/24	道内在住。道内学校に勤務する教員。	×	○	×	申請書類受理から、免許状発送までを 2 ヶ月程度を必要。※ 2/16～3/24 の期間に郵送により提出のあった申請書類 3/25 以降の受理。	3300 円	収入証紙	
青森県	記載なし	記載なし	○	×	×	申請から免許状発行までを 1 ヶ月程度。2～3 月の申請については、同年度の発行とはならず に翌年度（4 月 1 日以降）の発行となる場合がある。	3300 円	収入証紙	
岩手県	記載なし	記載なし	○	○	×	15 日締め切り分：20 日頃の送付（15 日の授与年月日）。月末締め切り分：翌月はじめ頃の送付（月末の授与年月日）。	3300 円	収入証紙	
宮城県	2～3 月	記載なし	○	○	×	【締切日】毎月 25 日（当該年度の最終締切日は 1/25）。【授与年月日】受付月の翌月 1 日付け。【交付】受付月の翌月下旬。	3300 円	収入証紙	
秋田県	随時受付可	県内在住。内学校に勤務する教員（予定を含む）。	○	○	×	書類の審査は、毎月 2 回。【免許状交付】審査終了後 1～2 週間（年度末は 3～4 週間）程度。	3300 円	収入証紙	
山形県	随時受付可	県内在住。県内学校に勤務する教員（予定を含む）。	○	記載なし	×	【授与年月日】原則出願受理月の翌月の 1 日付け。【交付】上旬に発送。	3300 円	収入証紙	
福島県	2/1～3/31	記載なし	○	○	×	【授与年月日】毎月 25 日頃までに受理した場合、翌月 1 日付け。【交付】翌月の中旬。	3300 円	収入証紙	
茨城県	2/16～3/15 ※ 4 月授与分については、3/16 から受付	県内在住。県内学校に勤務する教員。	○	○	×	【締切日】毎月 15 日（3 月を除く）。※ 15 日が土日祝日にあたる場合は、翌日以降の最初の平日まで。【授与年月日】毎月末日（土日・年末年始に当たる場合はその月の最後の平日）。	3400 円	収入証紙	

74

表4-7 個人申請の際に注意が必要な事項（2024年4月14日時点：各都道府県教育委員会ウェブサイトの情報を元に作成）

都道府県	個人申請受付停止期間	申請条件	窓口申請	郵送申請	電子申請	授与・免許状の交付	手数料	支払方法	備考
栃木県	2月～3月停止しないが時間を要する	県内在住。県内学校に勤務する教員（予定を含む。）	×	○	×	申請から免許状交付まで60日間。※授与等の期日指定の希望には一切応じられません。	3300円	収入証紙	※採用内定通知書等の提示を求める場合があります。
群馬県	記載なし	県内在住。県内学校に勤務する教員（予定を含む。）	○	○	×	[締切日] 毎月20日。[交付] 翌月の末日。	3300円	Pay-easy、収入証紙、銀行振込	
埼玉県	記載なし	記載なし	○ ※やむを得ない事情がある場合	○	○	[交付] 授与年月日から約1～2か月かかります。[4月～2月] 1日～14日受付⇒受付月の15日。15日から月末受付⇒受付の翌月1日。[4月～2月] 1日～14日受付⇒3月15日。15日～31日受付⇒3月。	3300円	クレジットカード及びデビットカード、電子マネー	
千葉県	個人申請受付期間（4/10から12/20）	県内在住。県内学校に勤務する教員。	○	○	○	[締切日] 毎月20日。[授与年月日] 翌月1日付け。[交付] 中旬発送。	3300円	収入証紙	
東京都	2/1～4/15	都内在住。都内学校に勤務する教員。	○ ※真にやむを得ない場合のみ	○	○	申請受理日から約5週間後となります。※免許状原本の受取前に授与証明書が必要な方は、授与月月以降の発行となります。ただし、申請受理日が16日又は1日の場合、授与証明書の発行は、その翌開庁日以降となります。申請受理日が、当該月2日から16日までの間⇒当該月の16日付け。申請受理日が、当該月17日から翌月1日までの間⇒翌月の1日付け。	3300円	[窓口申請] 現金、クレジットカード、交通系IC等。[郵送申請] 郵便普通為替もしくは定額小為替。[電子申請] ペイジー(Pay-easy)	

表 4-7　個人申請の際に注意が必要な事項（2024 年 4 月 14 日時点：各都道府県教育委員会ウェブサイトの情報を元に作成）

都道府県	個人申請受付停止期間	申請条件	窓口申請	郵送申請	電子申請	授与・免許状の交付	手数料	支払方法	備考
神奈川県	記載なし	県内在住。県内学校に勤務する教員。	○	○	×	申請の受付から免許状の完成（紙になる）まで約 1 か月。免許状に記載される授与年月日は、受付日の直後の 10 の倍数の日（休日の場合は前倒し）となります。【例】3/1〜3/10 ⇒受付　3/10 ⇒授与年月日　免許状の完成日 4 月下旬頃	3300 円	収入証紙	
新潟県	3/1〜4/9	県内在住。県内学校に勤務する教員。	×	○	○	申請受付から免許状授与まで通常 2 か月程度かかります	3300 円	収入証紙	
富山県	記載なし	県内在住。県内学校に勤務する教員。	○	○	×	記載なし	3300 円	クレジットカード、ペイジー	
石川県	記載なし	県内在住。県内学校に勤務する教員。	○	×	×	出願書類を受付後、2〜4 週間程度。	3300 円	収入証紙	
福井県	2/1〜3 月末	県内在住。県内学校に勤務する教員。	○	○	×	毎月 15 日までに審査を完了した授与願等について、その月の末日付で交付します。4 月 1 日および毎月月末が免許状の授与年月日となります。	3300 円	収入証紙	
山梨県	1 月〜3 月	県内在住	○	○	×	記載なし	3300 円	収入証紙	新年度から山梨県内の各学校で正規教員や期間採用教員、講師として勤務することが決まっており、免許状を有する必要がある方については、免許助成担当に事前に相談した上で提出してください。

表 4-7 個人申請の際に注意が必要な事項（2024 年 4 月 14 日時点：各都道府県教育委員会ウェブサイトの情報を元に作成）

都道府県	個人申請受付停止期間	申請条件	窓口申請	郵送申請	電子申請	授与・免許状の交付	手数料	支払方法	備考
長野県	記載なし	県内在住。県内学校に勤務する教員。	○	○	×	申請を受理してから 2〜3 月以上かかります。4/1 および毎月末が免許状の授与年月日となります。	3500 円	収入証紙	
岐阜県	記載なし	記載なし	○	○	×	翌月の中旬頃（15 日から 20 日頃）に申請者のお手元に届くよう発送します。申請期限：毎月 25 日（25 日が閉庁日の場合は直前の開庁日）申請された月の月末付で免許状を発行。	3300 円	収入証紙	※卒業・採用などの関係上、申請期限までに必要書類を提出できない場合などについては、事前にご相談ください。
静岡県	2/1〜3/31	県内在住。県内学校に勤務する教員。	○	×	×	申請書を受理してから 2 か月程度	3300 円	収入証紙	
愛知県	記載なし	県内在住。県内学校に勤務する教員。	○	×	×	記載なし	3400 円	収入証紙	
三重県	随時受付可	県内在住。県内学校に勤務する教員。	○	○	×	毎月 10 日（土・日や祝日の場合はその直後の開庁日）までの受付分を集約して検品し、書類や内容に不備がなければ、原則としてその月末に免許状を授与します。	3300 円	収入証紙	
滋賀県	随時受付可	県内在住。県内学校に勤務する教員。	※可能な限り郵送	○	×	（到着〆切）：毎月末。月末が土日祝日の場合はその前日）ので、申請月の翌月上旬頃に申請者の住所に免許状等を送付します。（ただし、3 月分については多少遅れますのでご承知ください。）	3300 円	収入証紙	
京都府	2/1〜4/15	記載なし	○	×	×	授与日から最長で 2〜3 箇月 申請期限：毎月 25 日（25 日が閉庁日の場合は直前の開庁日）申請された月の月末付で免許状を発行。	3360 円	現金、キャッシュレス（クレジットカード、電子マネー、スマートフォン決済）	

表4-7　個人申請の際に注意が必要な事項（2024年4月14日時点：各都道府県教育委員会ウェブサイトの情報を元に作成）

都道府県	個人申請受付停止期間	申請案件	窓口申請	郵送申請	電子申請	授与・免許状の交付	手数料	支払方法	備考
大阪府	記載なし	府内在住。府内学校に勤務する教員。	○	×	×	交付の時期は、申請の受付日から約2、3ヵ月後の予定です。（3月、4月に個人申請により申請を受付したものは、受付日から約3、4ヵ月後の予定です。）。(1) 窓口で受付けした場合（(2)及び(3)の場合を除く。）受付印の日付以降、次に来る土曜日の日付。(2) 月の末日が属する週に窓口で受付した場合　月の末日の日付。(3) 3月中に窓口で受付けした場合、すべてその年の3月31日付	3600円	○現金 ○クレジットカード [Visa、Mastercard] ○電子マネー －[交通系IC（ICOCA、Kitaca、Suica、PASMO、TOICA、manaca、SUGOCA、nimoca、はやかけん）のみ] ○スマートフォン決済 [PayPay]	
兵庫県	3/1～3/31	県内在住。県内学校に勤務する教員。	○	○	×	原則、免許状の授与日から約1ヶ月ほどで、完成した免許状（紙）を送付します。※2～5月受理分や申請状況によっては、上記以上の期間お待ちいただく場合がありますので、ご了承ください。	3300円	収入証紙	
奈良県	記載なし	県内在住。県内学校に勤務する教員。	×	○	×	記載なし	3300円	収入証紙	
和歌山	随時受付	県内在住。県内学校に勤務する教員。	○	○	×	記載なし	3300円	収入証紙	
鳥取県	記載なし	記載なし	○	○	×	記載なし	記載なし	専用の納付書	申請に必要な書類は、お問い合わせをいただいた後、郵送によりお渡しします。

表 4-7　個人申請の際に注意が必要な事項 (2024 年 4 月 14 日時点：各都道府県教育委員会ウェブサイトの情報を元に作成)

都道府県	個人申請受付停止期間	申請条件	窓口申請	郵送申請	電子申請	授与・免許状の交付	手数料	支払方法	備考
島根県	記載なし	記載なし	×	○	×	記載なし	3300 円	収入証紙	※年度初めから年度初めは全ての手続きの申請件数が増加しますので、通常期より免許状交付手続きに時間がかかります。なお、3月に免許状取得の申請をする場合、年度内に免許状交付を希望される方は必ず事前にご相談ください。
岡山県	記載なし	記載なし	○	○	×	免許状は、毎月1日付けで交付され、その月の中旬から下旬に発送されます。(例)4月2日～5月1日の間に不備がない状態で必要書類が全て提出された場合、5月1日に交付され、5月中旬から下旬に発送されます。	3710 円	電子納付（クレジットカード決済）・収納専用窓口（POS レジでの納付）	※岡山県の教員採用試験の合格者で、3月末までに免許状が必要である場合は、その旨を申し出てください。3月末日付けで授与します。
広島県	停止はないが、できるだけ2月から4月上旬を避けてほしい。	記載なし	○	○	×	交付日：毎月15日と月末。毎交付日の一週間前を締切とし、随時申請を受け付けております。	3400 円	【窓口申請】現金【郵送申請】銀行振込	
山口県	記載なし	記載なし	○	○	×	記載なし	3300 円	収入証紙	
徳島県	記載なし	記載なし	○	○	×	授与月の前月20日を締め切り（必着）	3300 円	収入証紙	

表 4-7　個人申請の際に注意が必要な事項（2024 年 4 月 14 日時点：各都道府県教育委員会ウェブサイトの情報を元に作成）

都道府県	個人申請受付停止期間	申請条件	窓口申請	郵送申請	電子申請	授与・免許状の交付	手数料	支払方法	備考
香川県	2月下旬～3月末日 ※採用内定者等応相談	記載なし	記載なし	記載なし	記載なし	記載なし	3300 円	収入証紙	学力に関する証明書（認定講習による場合は単位修得証明書）を添付して教育課免許担当まで郵送してください。担当による単位確認の後、申請に必要な書類をお送りします。
愛媛県	記載なし	記載なし	○	×	×	記載なし	3400 円	収入証紙	
高知県	記載なし	記載なし	○	○	×	毎月 20 日（当該日が開庁日でない場合で土曜日又は祝日のときは前の開庁日。それ以外の場合は次の開庁日。）までに受理した書類に不備がない場合は、書類を受理した当月末の日付けで交付します。	3300 円	収入証紙	
福岡県	2月の最終月曜日から 3 月 31 日。※ 4 月からの採用が決まっている方のみの対応。	県内在住。県内学校に勤務する教員。	○ ※事前予約制	○ ※3 月は郵送での受付不可	×	提出締切は窓口の場合は毎月 25 日（25 日が開庁日の場合はその直前の開庁日）、郵送の場合は毎月 23 日（消印有効）です。締切までに不備なく受付を終えられた方は、当月末日付で発行し、翌月中旬に発送。	3300 円	収入証紙	
佐賀県	随時受付	記載なし	○	×	×	記載なし	記載なし		
長崎県	随時受付	記載なし	○	○	×	毎月 15 日と月末を締め切り。	3300 円	収入証紙	

表4-7 個人申請の際に注意が必要な事項（2024年4月14日時点：各都道府県教育委員会ウェブサイトの情報を元に作成）

都道府県	個人申請受付停止期間	申請条件	窓口申請	郵送申請	電子申請	授与・免許状の交付	手数料	支払方法	備考
熊本県	2〜3月 ※熊本県の教員など令和6年4月1日から必ず免許状が必要な場合。事前連絡期間：令和6年2/1（木）〜3/1（金）午後5時まで 申請期間：令和6年3/2（土）〜3/22（金）午後5時	県内在住。県内学校に勤務する教員。	○ 事前の連絡・予約が必要	○	×	【締切日】毎月15日・末日。締切日の約1か月後（4〜5月は約1か月半後）。	3300円	収入証紙	熊本県内以外での採用内定者については、採用予定先の都道府県県教育委員会に申請を行うこととなります。
大分県	随時受付	記載なし	○	×	×	【締切日】毎月25日（25日が閉庁日の場合は、直前の開庁日）	3300円	収入証紙	
宮崎県	2/1〜4/15	県内在住。県内学校に勤務する教員。	×	○	×	申請書類を提出してから免許状が発行されるまで約1か月間かかります。	3300円	収入証紙	4/1付けで県内の学校に採用（講師含む）が内定している者、特別な理由がある者。
鹿児島県	2/1〜3/31	県内在住。県内学校に勤務する教員（予定を含む。）。	○	○	×	【締切日】毎月15日と月末	3300円	収入証紙（県外居住者は郵便為替）	4/1付けで県内の学校に教員として採用が内定している場合（臨時的任用、名簿登載者等を含む。）
沖縄県	3月	県内在住。県内学校に勤務する教員。	×	○	×	記載なし	3300円	収入証紙	

7　これから免許状を取得したいという卒業生への対応のポイント

　ある日「2009年に卒業した者です。これから教員免許状を取得したいのですが、何をすればよいでしょうか？」と電話がかかってきたときどのように対応しますか。このような卒業生などからの相談について、どの入学年度のカリキュラムを適用するのかは個別対応になる場合がほとんどだと思われます。本節では、学生配付の学修の手引きでは対応できない4つの取得パターンについて、拠り所となる法令及び具体的な適用方法について紹介します。

7-1　基本的な考え方
　卒業生から免許状を取得したいという問い合わせがあった時に頭に思い浮かべることは次の2点です。

①現行法（新法）の基準で取得。
②現行法より前の法（旧法、旧々法等）のもとで既修得単位があって、現行法の単位として読み替え可能な単位を読み替えて不足単位を修得。

　まずは相談者がどの免許法（新法、旧法等）で修得経験があるのかを把握することから始めましょう。入学年度が判明すれば、15～18頁の表をもとに在学当時の適用法令がわかるはずです。
　そして「免許状を取得したい」という言葉が指す具体的な内容について、次の事項をもとに確認します。

①免許状を所持しており、追加で別の免許状を取得するのか（中高の免許状を所持しており、追加で同一学校種の他教科免を取得する場合は「別表4」での取得を勧める）
②現職か非現職か（在職年数をもとに免許状を取得する場合は検定授与になるので、「教育委員会」への相談が必要）
③在籍時に履修しており、同一教科等の不足単位を取るのか
④1から取り直すのか
　ア．在籍時の学科等で認定を受けていた教科等を取り直すのか
　イ．在籍時の学科等で認定を受けていない教科等を取り直すのか
⑤不足単位を本学で取りたいのか
⑥授与要件を満たしていたのに授与申請を忘れたのか

　次に、「どこの大学で免許状を取りたいのか」ということを聞き取ります。卒業生が電話をかけてきているということは、自大学で取りたいと考えだからでしょう。しかし、自大学で取得できない免許状の種類の場合は他大学で取得するしかありません。また、教員としての実務経験の有無によって、「教育委員会」も相談先に加わります。

■ 実務経験を用いない取得
　1　自大学で取得する場合　→　自大学で相談
　　ただし、「別表第4」（☞表2-16：43頁）にもとづき取得する場合は、検定方法について教育委員会に本人から確認する必要があります。
　2　他大学で取得する場合　→　他大学で相談

■ 実務経験を用いて取得　→　「教育委員会」で相談

　相談を受ける側の姿勢として、これまで経験したことがないケースだからといって安易に「教育委員会」に対応を委ねてはいけません。

　免許法施行規則第22条の4に「認定課程を有する大学は、学生が普通免許状に係る所要資格を得るために必要な科目の単位を修得するに当たつては、当該認定課程の全体を通じて当該学生に対する適切な指導及び助言を行うよう努めなければならない。」と規定されており、認定課程を有する大学には履修指導を行う責務があります。

　しかしながら、安易に教育委員会に相談するよう指導したりする例があるようで、次のような意見が教育委員会から文部科学省に寄せられています

【以下、都道府県教育委員会免許事務担当者会議質疑事項一覧をもとに筆者加筆】
○「教育委員会で履修すべき科目の指導を必ず受けてから受講申し込みをすること。」という指導を取得希望者が履修予定大学から受けた。
○「以前に在学した大学で履修した単位が認められるか認められないかは、各教育委員会で異なるので、事前に判断してもらうこと。」という指導を取得希望者が履修予定大学から受けた。
○大学の受講案内等には、〈教育委員会（免許係）の事前指導について〉とし、免許法別表1により不足単位がある学生に対しても、「所管の教育委員会を訪ね、履修すべき科目の指導を受けてから受講申し込みをすること」のように記載している大学が多く見られる。
○通信教育制大学等のなかには、指導を受けた「教育委員会名、担当者名」等を詳細に記入させ、指導を受けていないと受講を認めないような記述がされている。
○正課生、科目等履修生等を問わず、学生本人が免許法を理解し履修すべきであり、学生を受け入れる大学も、免許法を含めて履修指導すべきである。教育委員会が事前指導を行うよう教育委員会と教員養成大学との間で取り決められているような誤解が生じている。
○学生本人が不足単位を自覚している場合でも、事前指導を受けるよう大学から言われたから、教育委員会を訪ねてくるなど、学生にも負担となる例がある。

　自大学で取得可能な免許状の課程に関する質問・相談については、自大学できちんと対応する必要があります。次の項からさままざなパターンの対応例をみてみましょう。

7-2　パターン1：不足単位の履修による取得（「別表第1」による取得）

大学側：○○様は、在学時に社会の教職課程を受けていたということですが、社会の免許状は取得されましたでしょうか？
卒業生：いえ。取得にはいたりませんでした。
大学側：この場合、改めて単位を修得し直す必要があります。○○様の場合、途中まで履修されていたということですので、在学時の単位を生かすことができる場合があります。ただし、当時適用されていた免許法から改正があり、これから免許状を取得する場合は、改めて現在の法令に基づいて必要な単位を修得しなければなりません。まずは現在の法令でどのくらいが読み替え可能で、不足単位はどれくらいあるのかを確認するために、教員免許状取得用の単位修得証明書である「学力に関する証明書」を本学にご請求ください。それに基づいて不足単位の確認をしましょう。

　旧法以前の免許法で単位修得した方への対応については、新法に読み替えた証明書を発行するというのが1つの山になるでしょう。

7-3　パターン2：同一学校種他教科の免許状取得（「別表第4」による取得）

大学側：○○様は、在学時に社会の教職課程を受けていたということですが、社会の免許状は取得されましたでしょうか？

卒業生：はい。取得しました。

大学側：すでに免許状をお持ちですので、そうした方については、中学校ならば28単位の修得で取得可能な方法があります。ただし、この方法を利用するには大学での単位修得以外に教育職員検定というものがあり、それに合格して初めて免許状を取得することができます。教育職員検定は各都道府県で方法が異なりますので、申請しようとする都道府県教育委員会にお問い合わせいただければと思います。

　「別表第4」による取得方法については表2-16（43頁）を参照してください。

7-4　パターン3：他校種（保有免許状なし）

大学側：何の免許を取得しようとされてますか？

卒業生：小学校です。

大学側：教育職員免許法施行規則第66条の6に定める科目について証明できる単位は修得済として扱えますが、それ以外は1から取り直すことになります。

7-5　パターン4：他校種（保有免許状あり）

大学側：何の免許を取得しようとされておられますか？

卒業生：小学校です。

大学側：免許法施行規則第66条の6に定める科目について証明できる単位は修得済として扱えますが、教職に関する科目については一部流用という形でのみ使用できます。中学校一種免許状の社会の学力に関する証明書を発行して、不足単位の指導を履修する先方の大学で履修してください。

■他校種の免許状を取得する場合

1つでも免許状を所持しているか、または所要資格を得ているかによって指導が変わります。

●免許状を所持している場合　☞　流用規定の適用

●免許状を所持していない場合　☞　免許法施行規則第66条の6のみ使用、それ以外は取り直し

7-6　まとめ

　ある日「2009 年に卒業した者です。これから教員免許状を取得したいのですが、何をすればよいでしょうか？」と電話がかかってきたときどのように対応しますか、という問いに対する対応について下記にまとめておきましょう。

①新法で取り直すのが基本です。

②1 つでも免許状を取得している場合は次のような特典があります。

● 「免許法施行規則第 66 条の 6」に定める科目が修得済。

●教職専門科目については流用が可能。

●中高の免許状所持者で他教科を取得する場合は別表第 4 の適用が可能。

●中学校の免許状所持者であれば、他の教科や小学校の免許状取得にあたって介護等体験は不要。

③未取得に至った場合にも取り直しの特典はあります。

●読み替え可能な単位の読み替え。

●中高の教職に関する科目については、教科の指導法を除いて、他教科の申請に使用可能。

● 「免許法施行規則第 66 条の 6」に定める科目について修得した分の適用。

第5章

教職課程事務の極意【2】

実地視察での指摘事項から学ぶ【1】

　3頁で紹介した教職課程認定大学等実地視察ですが、この視察による報告書の指摘事項は、自大学にもあてはまる内容も多いでしょう。他の大学が指摘された内容について、どれだけ自分ごととしてとらえることができるでしょうか。本章第5章、及び次章第6章では指摘事項だけでなく、それらに関係のある答申の内容も紹介していきます。それにより教職課程を大きな視点でとらえることができるでしょう。本文中で紹介する答申は「今後の教員養成・免許制度の在り方について（答申）」(2006（平成18）年7月11日中央教育審議会)（以下、「平成18年答申」といいます。）です。この答申は18年前に出されたものですが、現在の教職課程の基本となっている政策が提言されたもので、現在でもこの平成18年答申の考え方が教職課程の改善・充実の方向性となっています。平成18年答申で提言された内容は次のとおりです。

○　教職大学院制度の創設
○　教員免許更新制の導入
○　教職実践演習の必修化
○　教職指導の実施と法令での明確化
○　教員養成カリキュラム委員会の機能の充実・強化
○　教育実習の充実・改善

　ただし、このなかで、2番目に挙げられた「教員免許更新制」については制度化されたものの、2022（令和4）年6月30日に廃止されました。しかし、それ以外の内容については、法令の改正が行われ、現在でも運用されています。条文の規定のみならず、規定された背景を知ることで、より一層条文への理解が進むと思います。本文中では、いくつかの規定についてもふれていきます。
　実地視察報告書の項目は次の7つとなります。

①教職課程の実施・指導体制（全学組織等）
②教育課程、履修方法及びシラバスの状況
③教育実習の取組状況
④学生への教職指導の取組状況及び体制
⑤教育委員会等の関係機関との連携・協働状況(学校支援ボランティア活動等の活動状況)
⑥施設・設備（図書を含む。）の状況
⑦その他特記事項

　それではこれら項目を順に紹介していきましょう。本章では①②について説明します。「②教育課程、履修方法及びシラバスの状況」はかなりボリュームがありますので、③以降を第6章として分割しました。なお指摘事項については説明の便宜上、報告書では⑦の「その他特記事項」に記載されていても、①から⑥のいずれかの項目に移動させている場合があります。指摘事項の**太字**は筆者によるものです。表記を統一するために一部表記を報告書記載内容から修正しています。また一般化するために指摘事項に大学名が記されている部分については削除しています。

1 ①教職課程の実施・指導体制（全学組織等）

　この項目については、「平成18年答申」の「基本的な考え方—大学における組織的指導体制の整備—」をまず理解することが重要です。

1-1　平成18年答申：基本的な考え方—大学における組織的指導体制の整備—

> 　大学の学部段階の教職課程が、教員として必要な資質能力を確実に身に付けさせるものとなるためには、何よりも大学自身の教職課程の改善・充実に向けた主体的な取組が重要である。
> 　今後は、課程認定大学のすべての教員が教員養成に携わっているという自覚を持ち、各大学の教員養成に対する理念等に基づき指導を行うことにより、大学全体としての組織的な指導体制を整備することが重要である。
>
> ● 大学の学部段階の教職課程が、教員として必要な資質能力を確実に身に付けさせるものとなるためには、何よりも大学自身の教職課程の改善・充実に向けた主体的な取組が重要である。教職課程の教育内容・方法等については、平成9年の教養審第1次答申[1]や平成11年の教養審第3次答申[2]において、様々な改善・充実方策を提言している。課程認定大学においては、これらの答申をいま一度真摯に受け止め、学内に周知するとともに、学長・学部長等がリーダーシップを持って、カリキュラム編成や教授法の改善・向上、成績評価の厳格化、現職教員を含む教職経験者の大学教員としての積極的活用等に取り組むことが必要である。
> ● 教員養成については、これまで、課程認定大学の一部の担当教員のみが教員養成に携わり、特に教科に関する科目の担当教員の教員養成に対する意識が低いなど、全学的な指導体制の構築という点で、課題が少なくなかった。今後は、すべての教員が教員養成に携わっているという自覚を持ち、各大学の教員養成に対する理念や基本方針に基づき指導を行うことにより、大学全体としての組織的な指導体制を整備することが重要である。
> 　このような基本的認識に立ち、（2）以下では、大学の学部段階の教職課程の改善・充実を図るための5つの方策（教職実践演習（仮称）の新設・必修化、教育実習の改善・充実、「教職指導」の充実、教員養成カリキュラム委員会の機能の充実・強化、教職課程に係る事後評価機能や認定審査の充実）について提言する。

■ 実地視察での指摘事項

「平成18年答申」での「学長・学部長等がリーダーシップを持って」という部分について、「実地視察」では教職課程における学長の関わりについて、視察が行われています。

○　**学長の教職課程への理解が深く、全学的に一体となって教員養成に取り組んでいる点は評価できる。**

○　**教職課程専門部会が設置されているが、教職課程に関する全学的な組織として機能しているとは言い難い状況を確認した。** 学長のリーダーシップのもと、大学全体の教職課程の実施・指導体制について、整備・強化を図っていただきたい。

---

1)「新たな時代に向けた教員養成の改善方策について（教育職員養成審議会・第1次答申）」（平成9年7月28日）
2)「養成と採用・研修との連携の円滑化について（第3次答申）」（平成11年12月10日　教育職員養成審議会

全学的に一体となっているかどうかの視察が特に行われています。

○　全学組織である**教職支援センターに必要な人員を配置するとともに、運営委員会に大学本部及び学部の事務方を参加させ、カリキュラム編成に関する意見交換や全学と一体となった FD（ファカルティ・ディベロップメント）の実施**など、各学科のディプロマ・ポリシー、カリキュラム・ポリシーに沿った円滑なカリキュラム・マネジメントの向上に向けて全学一丸となって取り組んでいる点は評価できる。

○　教職課程の全学組織として**教職課程検討委員会が設置されているものの、十分に機能していない結果、教育課程の編成方針はもとより、教職課程認定基準に照らして適切に運営されているかどうかの確認が十分にできていないように見受けられた。**今後、教職課程に関する全学的な組織が、実質的に機能するように学内で検討・改善すること。

○　「教職委員会」という教職課程に係る全学組織を形式上は設置しているが、**実地視察当日における教職課程に係る説明及び質疑応答も、事務職員が中心となって対応をするなど、事実上、事務職員のみで教職課程の運用を行い、専任教員が教職課程の充実に向けて積極的な議論を行っているようには全く見受けられなかった。**大学は学術の中心であり、専任教員は、大学における教育研究に従事する者（大学設置基準第 12 条第 2 項）であることに鑑み、教育課程の編成、教職指導等を含めた教職課程の運営については、専任教員によって構成される教職委員会を中心として検討を行うことができるよう、教職委員会の組織体制の見直しを図ること。

○　教職課程は、教員免許状という資格を授与するための課程であることに鑑み、授業科目の扱い等についても、**教職担当教員だけに委ねるのではなく、**教職に関する全学組織で定められた教育課程の編成方針のもと、その内容を点検・検討・担当できるような体制・仕組みのもとで運営される必要があるため、教職課程の実施・指導体制等について今後御検討いただきたい。

○　授業内容の取扱いや教育課程の編成、学生への履修指導等について、教職課程の関連科目を担当する**個々の教員に委ねるのではなく、**教職に関する全学的な組織体制で定められた教育課程の編成方針のもと、その内容の点検・検討ができるよう、既存の教職課程部会と教務委員会での位置づけについて再検討した上で、全学的な組織体制の整備を御検討いただきたい。

○　教職課程は、教員免許状という資格を授与するための課程であることに鑑み、授業内容の扱いについて、各学部に完全に委ねるのではなく、教職に関する全学組織で定められた教育課程の編成方針のもと、その内容の点検・検討ができるような体制・仕組みの構築が必要であるため、今後御検討いただきたい。

○　教職課程は、教員免許状という資格を授与するための課程であることに鑑み、授業内容の扱いについて、**各学部・学科に完全に委ねるのではなく、**教職に関する全学組織で定められた教育課程の編成方針のもと、その内容の点検・検討ができるような体制・仕組みの構築が必要であるため、今後御検討いただきたい。

○　教職課程は、教員免許状という資格を授与するための課程であることに鑑み、授業内容の扱いについて、**各専攻に完全に委ねるのではなく、**教職に関する全学組織で定められた教育課程の編成方針のもと、その内容の点検・検討ができるような体制・仕組みの構築が必要であるため、今後御検討いただきたい。

現在、全学組織として、「教職支援センター」や「教職センター」という名称がよくみられますが、免許法施行規則上、明確に全学組織について規定されたのは2021（令和3）年の「免許法施行規則」の改正です。2022（令和4）年4月1日から義務化されました。

> ▼免許法施行規則
> 第22条の7　2以上の認定課程を有する大学は、当該大学が有するそれぞれの認定課程の円滑かつ効果的な実施を通じて当該大学が定める教員の養成の目標を達成することができるよう、大学内の組織間の有機的な連携を図り、適切な体制を整えるものとする。

この条文の解説としては「教職課程の自己点検・評価及び全学的に教職課程を実施する組織に関するガイドライン」に詳しく説明されていますのでそちらを紹介します。

1-2　教職課程の自己点検・評価及び全学的に教職課程を実施する組織に関するガイドライン

> Ⅲ．全学的に教職課程を実施する組織体制について
> 1．全学的に教職課程を実施する組織体制の必要性について
>
> これまでも、同一学科等の複数の教職課程や複数の学科等の間で、授業科目の共通開設や専任教員の共通化が限定的に行われてきたところであるが、今後、教職課程をより効果的・効率的に実施する観点から、同一学科等の複数の教職課程や複数の学科等の間、さらには複数の大学の間において、授業科目や専任教員を共通化できる範囲を拡大する制度改正を行うことが予定されている。
>
> しかし、自らの学科等の教員が携わらない授業科目が教職課程の中で増加すること等により、各授業科目間の役割分担などを含め、カリキュラムの体系性が失われたりすることや、各学科等の教職課程全体として運営の責任の所在が不明確になることで、教職課程の改革・改善の契機が失われること等により、教職課程の質が低下することがあっては本末転倒である。
>
> また、教職課程の運営において他の大学や教育委員会、学校法人など関係機関等との連携の必要性は高まる一方である。各学科等が、個別の戦略と判断に基づき、関係機関等と連携・交流を行うことは想定されるものの、対応の如何によっては、各学科等間で重複した取組が実施されることや各学科等の取組間の整合性の喪失などを招きかねない。このようなことは、教職課程をより効果的・効率的に実施する観点から防がれなければならない。
>
> このため、複数の教職課程を設置する大学においては、全学的な観点から教職課程の運営を実施できる組織体制を備えるとともに、当該組織体制の中核となる組織（以下「中核組織」という。）が中心となって、大学が自主的に教職課程の水準を維持・向上させていく仕組みを確立することが必要となっている。
> 2．全学的に教職課程を実施する組織体制の果たす役割・機能
>
> この全学的に教職課程を実施する組織体制が果たすべき役割・機能は、大学の規模等に応じて多様なものとなり得るが、期待される役割・機能のうち主たるものを例示すれば以下のとおりである。
> ①全学的な教員の養成の目標及び当該目標を達成するための計画の策定、各学科等ごとの教員の養成の目標及び当該目標を達成するための計画の整合性の確保に関する調整
> ②複数の教職課程を通じた授業科目の共通開設や専任教員の配置など全学的な教育課程の編成、教員組織整備に関する調整
> ③各学科等における教育課程・授業科目の状況の確認の実施（シラバスの確認の実施を含む）

④学修成果に関する情報の集約・分析の実施（「履修カルテ」の作成・管理を含む）

⑤全学的な観点からのFD・SDの実施

⑥情報公表の実施に向けた各学科等におけるデータの収集の実施、整合性の確保に関する調整

⑦教職課程の学生獲得に向けた戦略の策定、関連する取組の実施

⑧教職課程の学生に対する履修指導・進路指導等の実施

⑨関係機関等との連携・交流に関する連絡調整の実施、全学的な整合性の確保に関する調整

⑩教職課程の自己点検・評価の実施、学内及び外部からのフィードバックに対する対応

　これらの役割・機能の全てを中核組織が果たすこともあり得るが、例示された役割について、特定の学部だけを対象に担う組織又は、それらの一部分を担う組織が既に各大学で整備されている場合は、当該既存の組織が、中核組織と連携しつつその実施機能を担うことも考えられる。

　その場合であっても、

●各組織の所掌と責任を明確にすること

●組織間の指揮命令系統が明らかになっていること（どの組織から指示を受け、どの組織に対して指示ができるのか）

●特定のテーマについてリーダーシップを発揮すべき組織を明らかにしておくこと

●組織間で必要な情報共有が図られるようにすること

に留意することが必要であり、教職課程の運営に関しては、中核組織がリーダーシップを発揮することが期待される。その際、中核組織が実効性を持ってリーダーシップを発揮できるように、あるいは、中核組織が与えられた所掌と責任に比して過剰な役割を負わされることがないように、大学として全学的な視点の下で中核組織の位置づけを明確にしつつ、その活動を支援することが求められる。

3.　中核組織の形態

　中核組織がいかなる形態を採るかについて、例えば、

●2で例示した役割・機能の多くを自ら実施することを想定したセンター的組織（例えば「教職課程センター」）

●2で例示した役割・機能のうち、全体的な戦略の企画や各学科等又は各既存の組織間などの調整の機能に重点を置いた委員会的組織

などが考えられるが、大学の規模、学内の既存の組織の有無等に応じて、その在り方は多様なものであり、場合によっては、既存の組織が中核組織となることもあり得る。

　いずれの組織形態を採用する場合も、

●いわゆる教科専門、教職専門双方の教員や教職課程の運営を担う事務職員の参画を得ること

●事務職員の確保その他必要な運営体制を確立することすること

●最終的に各教職課程の実施を担う学科等の代表者の参加を十分確保すること

が期待される。

　「3.　中核組織の形態」において説明されているとおり、必ずしも「センター的組織」の設置を求めるわけではありませんが、教職協働により全体を把握できる組織体制が必要だということではないでしょうか。また、この視察項目においては、教員養成に対する理念・構想と教育課程と教員組織の関係についての指摘事項もよく繰り返されています。

　次ページの「平成18年答申」においては、教員養成に対する理念・構想、養成する教員像の明確化が指摘されています。現在の教職課程認定申請ではこれらを説明する様式（第7号様式ア）があり、各大学とも教職課程開設時に明確に設定しています。

1-3　平成 18 年答申

●我が国の教員養成は、戦前、師範学校や高等師範学校等の教員養成を目的とする専門の学校で行うことを基本としていたが、戦後、幅広い視野と高度の専門的知識・技能を兼ね備えた多様な人材を広く教育界に求めることを目的として、教員養成の教育は大学で行うこととした（「大学における教員養成」の原則）。また、国立・公立・私立のいずれの大学でも、教員免許状取得に必要な所要の単位に係る科目を開設し、学生に履修させることにより、制度上等しく教員養成に携わることができることとした（「開放制の教員養成」の原則）。

●これらの原則は、質の高い教員の養成や、戦後の我が国の学校教育の普及・充実、社会の発展等に大きな貢献をしてきたが、戦後、半世紀以上を経た現在、大学の教員養成のための課程（以下「教職課程」という。）については、例えば、特に以下のような課題が指摘されている。

　ⅰ）平成 11 年の教養審第 3 次答申において、各大学が養成しようとする教員像を明確に持つことが必要であるとされながら、現状では、教員養成に対する明確な理念（養成する教員像）の追求・確立がなされていない大学があるなど、教職課程の履修を通じて、学生に身に付けさせるべき最小限必要な資質能力についての理解が必ずしも十分ではないこと

　ⅱ）教職課程が専門職業人たる教員の養成を目的とするものであるという認識が、必ずしも大学の教員の間に共有されていないため、実際の科目の設定にあたり、免許法に定める「教科に関する科目」や「教職に関する科目」の趣旨が十分理解されておらず、講義概要の作成が十分でなかったり、科目間の内容の整合性・連続性が図られていないなど、教職課程の組織編成やカリキュラム編成が、必ずしも十分整備されていないこと

　ⅲ）（略）

●我が国の教員養成システムが大学の教員養成の機能に期待して制度が構築されていることに鑑みれば、教職課程の認定を受けている大学（以下「課程認定大学」という。）は教員養成を自らの主要な任務として強く自覚する必要があり、教員として必要な資質能力を身に付けた学生を送り出すべく、質の高い教育活動を行うことは、課程認定大学としての当然の責務である。また、近年、大学教育において、教員養成のような中・長期的視点に立つ教育活動が軽視されることが懸念されている。このため、課程認定大学は、大学教育における教員養成の重要性を改めて認識し、教職課程の改善・充実等に積極的に取り組むことが必要である。.

●具体的には、各課程認定大学は自らが養成する教員像を明確に示し、その実現に向けて、体系的・計画的にカリキュラムを編成するとともに、必要な組織編成を行うなど、大学全体として組織的な指導体制を確立することが重要である。また、教職課程の履修を通じて、学生が教職への理解を深め、教職に就くことに対する確固たる信念を持つことができるようにするとともに、専門的な知識・技能を自己の中で統合し、教員として必要な資質能力の全体を確実に形成することができるよう、教職課程における教育内容や指導の充実を図ることが必要である。一方、教職課程に係る事後評価機能や認定審査の充実等、教職課程の質の維持・向上を図るための方策を講ずることも必要である。

■ 実地視察での指摘事項

○　「実践力」等を備えた教師の養成に対する理念・構想が明確化されており、それを具体化するための教職課程に関する全学的な組織、教育課程や教員組織が十分整備されている。

○　教員養成に対する理念・構想を明確にしており、それらを具体化するために、教職課程に対する全学的な組織、教育課程や教員組織を充分に整備している。

○　学科ごとの教員養成に対する理念・構想がはっきりと示されていないので、明確化した上で、その理念を具現化するための教職課程に対する全学的な組織、教育課程及び教員組織を一層充実させるように努めていただきたい。また、教職課程のスムーズな組織運営のため、**教職課程センターが中心となって、全学的な時間割と教職科目の配置を調整し、教職科目の指導体制を充実・強化していただきたい。**

○　教員養成に対する理念・構想を示しているが、それを具現化するための教職課程に対する全学的な組織、教育課程及び教員組織をより一層充実させるように努めていただきたい。具体的には、教職に関する全学組織で定められた教育課程の編成方針の下、その内容の点検・検討ができるような体制・仕組みの構築が必要であるため、現在の**教職支援センターの体制強化を図っていただきたい。**

2　②教育課程、履修方法及びシラバスの状況

2-1　1学科複数免許課程について

1つの学科等において、複数の免許課程を有することについては、特に法令上において妨げられてはいません。各免許課程のカリキュラムの体系性を維持できることが要件となります。複数免許や教職課程以外の資格課程を受講すると「総修得単位数」が多くなることから、登録単位数との関係においても注意が必要です。

■ 実地視察での指摘事項

○　**1学科で複数の教科の課程認定を受けている場合には、各教科での体系性を確保すること。**

○　**一つの学科等で理科と農業、社会と英語といった複数の異なる免許教科の免許状を取得可能とする学科等の状況が確認された。**今後、コース履修の改善を検討するなど、明確な構造化を図り、**各教科の専門性を担保できるように履修上の配慮・工夫を行っていただきたい。**

○　開放制により教員養成を行う場合、免許法上の最低修得単位数である20単位分の「教科に関する科目」に加え、学科教育としての専門科目を履修することによって、各教科の専門性を高めていくことが重要であるが、**一つの学科等で英語と社会といった複数の異なる免許教科の免許状を取得可能とする学科等の状況が確認された。**今後、コース履修等を検討するなど、**各教科の専門性を担保できるように履修上の配慮・工夫を図っていただきたい。**

○　開放制により教員養成を行う場合、免許法上の最低修得単位数である20単位分の「教科に関する専門的事項」の科目に加え、学科教育としての専門科目を履修することによって、各教科の専門性を高めていくことが重要である。その点、子ども教育学科においては、英語関係科目の開設がやや少なく、**全てが学位プログラム上の選択科目として位置付けられている。**今後、免許教科の専門性を担保できるように開設単位数や必修単位数の増加及び学位プログラム上での履修方法の工夫を検討いただくとともに、大学としての特色あるカリキュラムの開設を期待する。

○　開放制により教員養成を行う場合、免許法上の最低修得単位数である 20 単位分の「教科に関する科目」に加え、学科教育としての専門科目を履修することによって、各教科の専門性を高めていくことが重要であるが、一つの学科等で複数の異なる免許教科の免許状を取得可能とする学科等の状況が確認された。今後、適切なコース履修等を検討するなど、**各教科の専門性を担保できるよう履修上の配慮・工夫を図っていただきたい。**

○　大学における教員養成として、大学の学科等に置かれる教職課程は、各学科等の目的・性格と免許状との相当関係について審査の上、その学科等の学位プログラムとしての各科目内容と教育職員免許法施行規則に定める各科目内容の修得によって、教員としての専門性が担保されることが確認されて初めて認定されるものである。**一つの学科等で幼稚園と小学校といった複数の異なる学校種の免許状、更には保育士資格、社会福祉士資格を取得可能とする学科等の状況が確認されたため、今後、コース履修等を検討するなど、各学校種における教員としての専門性を担保できるよう履修上の配慮・工夫を図っていただきたい。**

○　大学における教員養成として、大学の学科等に置かれる教職課程は、各学科等の目的・性格と免許状との相当関係について審査の上、その学科等の学位プログラムとしての各科目内容と教育職員免許法施行規則に定める各科目内容の修得によって、教員としての専門性が担保されることが確認されて初めて認定されるものである。**国際マネジメント学科は社会・地理歴史・公民・保健体育の複数の異なる学校種・免許教科の免許状を取得可能とされているものの、学生個人への履修指導によって専門性を担保しようとする状況が確認された。**今後、コース履修等を検討するなど、各学校種・免許教科の専門性を担保できるよう履修上の配慮・工夫を図っていただきたい。

○　開放制により教員養成を行う場合、免許法上の最低修得単位数である 20 単位分の「教科に関する科目」に加え、学科教育としての専門科目を履修することによって、各教科の専門性を高めていくことが期待されている。**人間文化学科は、国語、社会、英語の複数の異なる免許教科の免許状が取得可能とされているものの、3 つの履修コースと取得することが可能な免許教科は必ずしも対応しておらず、学生個人への履修指導によって専門性を担保しようとする状況が確認された。**今後、免許教科の専門的知識・技能を確実に修めることができるように、教職課程の編成及び履修上の配慮・工夫を図っていただきたい。

○　大学における教員養成として、大学の学科等に置かれる教職課程は、各学科等の目的・性格と免許状との相当関係について審査の上、その学科等の学位プログラムとしての各科目内容と教育職員免許法施行規則に定める各科目内容の修得によって、教員としての専門性が担保されることが確認されて初めて認定されるものである。しかし、**人文学部総合人文学科においては、中学校教諭（国語・英語・社会）、高等学校教諭（国語・英語・地理歴史・公民）の教員免許状が取得可能とされている。**各免許状に係る教員としての専門性を担保する観点から、例えば、取得免許状別にコースを分け、コースごとのカリキュラム編成を行うなど、各教科の専門性を担保出来るように履修上の配慮・工夫を図っていただきたい。

○　開放制により教員養成を行う場合、教育職員免許法上の最低修得単位数である 20 単位分の「教科に関する科目」に加え、学科教育としての専門科目を履修することによって、各教科の専門性を高めていくことが重要である。しかし、一つの学科等において、複数の異なる免許教科の免許状が取得可能としている学科等が確認された。（例えば、**文化情報学科においては、中学校教諭（社会、数学）、高等学校教諭（地歴、公民、数学、情報）の教員免許状が取得可能とされている。**今後、取得免許状別にコースを分け、

コースごとのカリキュラム編成を行うなど、各教科の専門性を担保できるように履修上の配慮・工夫を図っていただきたい。

○　開放制により教員養成を行う場合、教育職員免許法上の最低修得単位数である 20 単位分の「教科に関する科目」に加え、学科教育としての専門科目を履修することによって、各教科の専門性を高めていくことが重要である。**総合文化学科においては、中学校教諭（国語、社会、英語）、高等学校教諭（国語、地理歴史、英語）の複数の異なる教科の免許状が取得可能とされているが、学生が選択する専攻と、取得する免許教科とは必ずしも対応することが求められておらず、取得免許状の教科の専門性が確保されない可能性がある。**教員免許状の取得を目指す学生が、選択した専攻の学位プログラムを修得することを通じ、免許教科の専門的知識・技能を確実に修めることができるように、教育課程の編成及び履修上の工夫を図ること。

○　**教育学部においては、保育士、幼稚園教員、小学校教員、特別支援学校教員の資格・免許状の取得が可能となっているが、**全ての資格・免許状を同時に取得可能とすると、要修得単位が過剰となり、単位の実質化が図られているか否か疑念が持たれることはもとより、教員としての専門性も担保されない恐れもあることから、取得免許状別のコース分け、及びコースごとのカリキュラム編成などを行い、教員養成の高度化を図ることを検討すること。

○　**人間科学部人間発達学科人間発達学専攻は、幼稚園教諭、小学校教諭及び特別支援学校教諭の免許状の課程認定を受けていることに加え、保育士養成施設としての指定も受けている。**

　　例えば、**幼稚園教諭、小学校教諭及び特別支援学校教諭の免許状を取得しようとする場合の要修得単位は 162 単位であり、幼稚園教諭及び特別支援学校教諭の免許状に加え保育士資格を取得しようとする場合の要修得単位は 172 単位となることから、単位の実質化が図られているか否かはもとより、教員としての専門性が担保されているか否かについても疑念が持たれる**ことから、例えば、取得免許状別のコース分け、及びコースごとのカリキュラム編成などの工夫を行い、教員養成の高度化を図ることを検討すること。

○　**教育学部教育福祉学科こども学専攻においては、幼稚園教員、小学校教員、特別支援学校教員の免許状のほか、保育士資格も取得可能とされているが、**全ての免許状・資格を同時に取得可能とすると、要修得単位が過剰となり、単位の実質化が図られているか否か疑念が持たれることはもとより、教員としての専門性も担保されない恐れもある。

　　大学における教員養成として、大学の学科等に置かれる教職課程は、各学科等の目的・性格と免許状との相当関係について審査の上、その学科等の学位プログラムとしての各科目内容と教育職員免許法施行規則に定める各科目内容の修得によって、教員としての専門性が担保されることが確認されて初めて認定されるものであることから、各免許状に係る教員としての専門性を担保する観点から、例えば、取得免許状別のコース分け、及びコースごとのカリキュラム編成などを行うなど、教員養成の高度化を図ることを検討すること。

○　**中学校及び高等学校教諭一種免許状（国語）（英語）の課程を置くリベラルアーツ学部リベラルアーツ学科において、国語と英語の両方の免許状を取得する予定の学生がおり、要修得単位数が 160 単位程度となっている。また、中学校及び高等学校教諭一種免許状（保健）の課程と養護教諭一種免許状の課程を置く人間科学部心理学科においても、保健と養護教諭の免許状の双方を取得する予定の学生がおり、リ**

ベラルアーツ学科と同様、要修得単位数が160単位程度となっており、単位の実質化が図られているか否かはもとより、教員としての専門性が担保されているか否かについても疑念が持たれる。例えば、取得免許状別のコース分け、及びコースごとのカリキュラム編成などの工夫を行い、教員養成の高度化を図ることを検討すること。

2-2　カリキュラム体系（配当年次等）について

「配当年次の指摘事項」としては、初年次で学ぶよう望まれる授業科目が高年次で開講されたり、教育実習の先修要件単位の設定が適切ではないという指摘事項が大半を占めます。

　課程認定申請時においては、配当年次のチェックを「様式第7号」において、また、教育実習の受講資格については「様式第5号」において記載し、審査を受けます。届出事項となっていないため、課程認定後に配当年次を変更した場合であっても実地視察を受けない限り文部科学省のチェックを受ける機会はありません。カリキュラムに体系性があるかどうかは、「カリキュラムマップ」などを作成し確認するとよいでしょう。

■ 実地視察での指摘事項

○　教育実習へ行くまでに修得が必要とされる授業科目が適切に設定されていない状況が確認されたため、実習で必要とされる能力が身につけられるように、教職課程センターを中心として、各科目の担当教員と調整の上、授業科目の開設時期を見直すこと。

○　教育実習に力を入れて取り組んでいることは評価できる。一方で、座学の授業科目では、教育職員免許法施行規則上のどの事項（領域に関する専門的事項又は保育内容の指導法）に関する授業科目か必ずしも明確といえず、学生がそれらの科目ごとの趣旨を理解し体系的な学びができているのか判然としない印象であった。教職課程における授業科目の位置づけを学生が十分に理解し、主体的に学ぶことができるような授業作りを検討すること。また、これを実現するために、教員のFD研修等を通じ、現代的な教育課題や指導法等についても自己研鑽に努めていただくとともに、授業評価アンケートを活用するなどして、教員養成の水準向上を図っていただきたい。

○　中学校及び高等学校の教職課程の英語の「教科に関する科目」の「異文化理解」の区分の授業科目として、海外研修及び当該研修に当たっての事前知識の学修や事後の指導を内容とする「フィールドワーク」という授業科目が計24単位位置付けられている状況が確認された。その他の区分における一般的包括的科目を計6単位履修し、当該授業科目さえ履修すれば「教科に関する科目」のみならず「教科又は教職に関する科目」の単位の充足を可能とする教育課程になっている。学生に海外の経験をさせることは重要であり、授業計画の各回においてテーマ等を定めて実施しているため授業科目として位置付けることについては否定しないが、その他の区分の英語学や、英米文学等の内容を学修することも重要である。現在の状況は、課程認定時よりも偏りがあると見受けられることから、開設授業科目数や、必修単位のバランスを再度御検討いただきたい。

○　工業の免許に関する教職課程について、「教職に関する科目」を修得させないような履修モデルとなっていたため、適切に学修できるよう修正すること。

○　教職に関する科目の履修が2年次からとなっているが、各課程認定大学においては体系的な教職課程

のカリキュラム編成・教職指導が求められており、学位プログラムにおける専門科目の履修とあわせて、早期からバランス良く教職に関する科目の履修を行うことが望ましい。教職の魅力を早期から伝えることの重要性も踏まえ、履修時期について御検討いただきたい。

○　**1 年次から複数の「教職に関する科目」を履修するカリキュラムとなっており、系統性を重視したカリキュラムとなっているように見受けられ、その点について評価できる。**

○　全般的に整っており、大きな問題は見受けられないが、**1 年次に教職論を開設する等、早期から教職の魅力を伝えられるような科目の開設を検討していただきたい。**また、3 年次後期に設定されている教育原論についても、開設時期を見直すことを御検討いただきたい。

○　教職に関心のある学生が早い段階から教職の魅力や教員としての適性等を把握する観点から、「教職に関する科目」中の「教職の意義等に関する科目」の配当年次について検討いただきたい。

○　教職課程のモデルカリキュラムとして、**「教職の意義等に関する科目」が最終学年の後期に位置付けられていることが確認されたが、この科目の趣旨からすると、教職課程の導入科目として、早い段階で学修させるべきである。**科目の趣旨や授業科目の関連性に鑑みて、適切な履修順序で体系的に学ばせる教育課程を御検討いただきたい。

○　中学校及び高等学校の教職課程の「教職に関する科目」について、1 年次に「教育原理」のみを履修させ、大部分を 2、3 年次に履修させるというモデルカリキュラムが確認された。さらに、**2 年次前期に「各教科の指導法」を先に履修させ、「教職の意義等に関する科目」を 2 年次後期に履修させるなど、「教職に関する科目」の履修方針が、趣旨に照らして適切とは言い難い。**今後は、「教科に関する科目」及び学位を取得するための専門科目、並びにその他の学生の課外活動との関連も踏まえつつ、「教職に関する科目」の履修の体系化を御検討いただきたい。

○　中学校及び高等学校の教職課程の「教職に関する科目」について、**3 年次前期に「教職の意義等に関する科目」を履修させるとのモデルカリキュラムが確認された。このような履修カリキュラムについては、科目の趣旨に照らして適切とは言い難い。**「教科に関する科目」及び学位を取得するための専門科目、並びにその他の学生の課外活動との関連や科目の趣旨を踏まえながら、教職課程の科目の履修カリキュラムの体系化を御検討いただきたい。

○　国際教養学部の「教職実践演習」について、生徒の質の保証の観点から、将来教員となるに当たって、不足していると思われる知識や技能を補うような授業内容となるよう再考すること。また、教職実践演習は「学びの軌跡の集大成」として教職課程の最後に位置付けられる科目であるため、**教育実習等と同時期に実施するのではなく、教職実践演習以外の教職課程全てを学修した後に履修するよう、履修時期を再考すること。**

○　「教職実践演習」について、これまでの教職課程で学修した事項がどれだけ身についているかを学生自らが確認するとともに、将来教員となるに当たって必要な課題を設定し、これを克服させる授業内容となるよう再考すること。また、**教職実践演習は、入学の段階からそれぞれの学生の学習内容、理解度等を把握するとともに、学生個別に補完的指導を行うために「履修カルテ」を用いることとしているため、**

　　　履修カルテの活用について再考すること。

○　教職課程が想定する履修時期とはかけはなれた時期に配当されている科目が見られるため、履修の時期や順番について検討いただきたい。

○　**教職に関する科目の多くが１年次及び２年次に集中し、かつ、１年次でも２年次でも履修可能としているなど、教職課程の履修の方針が明確でない。**このため、教科に関する科目及び学位を取得するための専門科目、並びにその他の学生の課外活動との関連性を踏まえながら教職に関する科目を体系的に整備するようにすること。

○　教職課程認定申請時に、スクーリングを行うとしていた授業科目が、実際には、「スクーリングあり、科目修得試験なし」と「スクーリングなし、科目修得試験あり」の２つの形態に分けて実施している状況が確認された。スクーリングを行うものとして認定を受けたのである以上、スクーリングを実施すること。

○　学生が卒業後に教育現場で対応できるよう、アクティブラーニングを積極的に取り入れた講義になるよう改善を検討すること。

○　「教職に関する科目」の相当数の授業科目が集中講義での開講となっているが、時間割編成上の問題として、学生が取得しやすいようにするための措置であるとの説明があった。一方で、単位の付与は、教室での授業と授業の事前・事後の準備学習・復習をあわせて単位を付与することを前提としており、**現状の集中講義での開講で、十分な学習時間を担保できているかどうかについては不安がある。**また、教職課程においては、「教科に関する科目」、「教職に関する科目」をそれぞれ連関させて体系的に学修することが求められていることを踏まえ、講義の開講時期等については、今後御検討いただきたい。

○　１年次の授業科目において、教師としてひとりの子どもとの接し方や集団を前にした時の対応、保護者との対話などを実践形式で学ぶ授業が開設されている点は評価できる。

○　４年次の授業科目において、教育実習とは別科目で学校現場における長期実習を実施できるようにしており、多くの学生が参加している点は評価できる。

2-3　申請書との不一致、履修方法の誤り等について

申請書と学生配付の手引き、または申請書とシラバスなどの間に記載内容について不一致がある場合は、よく指摘されています。こうした書類間で不一致がないように注意が必要です。特に履修方法の記載が誤っていれば、免許状取得に影響を及ぼす場合もあるでしょう。課程認定申請書の内容が正確に学生配付の手引きやシラバス等に反映されているか、担当者のみならず全体で確認する仕組みが必要です。

■ 実地視察での指摘事項

○　通学部及び通信教育部において、**教育職員免許法施行規則第66条の6に定める科目が選択科目となっているため、必修科目として速やかに改めること。**

○　教職課程は、教員免許状という資格を授与するための課程であり、教育職員免許法施行規則において定められている内容は必ず扱うことが必要であるが、**一部の授業科目において、必修であるべき授業科目が、選択授業科目として取り扱われているように見受けられた。**再度確認の上、法令で定められた事項を必ず学修するように是正すること。

○　**教職に関する科目について、学生が必ず学修しなければならない科目区分について、科目が開設されていない状況が判明した。**早急に科目を開設するなどして、学生に必要な内容を学修させること。

○　ドイツ語、フランス語及び英語の中学校の教職課程の「教職に関する科目」について、**「教科教育法特論Ⅰ・Ⅱ」が開設されており、複数教科の免許状を取得する際に、複数教科の免許状取得に必要な単位として重複してカウントすることを可能としているように見受けられた。**「各教科の指導法」に関する授業科目は、課程認定基準上、教科ごとに開設することが必要であり、共通開設することはできない。ついては教科ごとに教科教育法を 8 単位開設するように速やかに是正すること。

○　教職課程認定審査時には、課程認定申請様式 2 号及び大学の学則（履修規程等）に基づき、必要な授業科目が適切に開設される状況となっているかどうかについても確認しているところである。一方で、貴学の現在の教職課程の授業科目として設定している授業科目のうち、**一部の授業科目については、履修規程における位置付けを確認できない状況が見受けられた。**適切に授業科目を開設し、学則（履修規程等）におけるそれら授業科目の位置付けについても明確にすること。

○　**2 号様式に計上されている「教職に関する科目」の一部の授業科目が学生便覧に記載されておらず、適切に開設されているかどうかを確認することができなかった。**教育職員免許法施行規則及び教職課程認定基準に基づき、必要な授業科目を適切に開設することが必要である。各種規程を再度確認の上、整合させるとともに、適時適切に各授業科目を開設すること。

○　**2 号様式上に教職課程の科目として位置付けられている授業科目が、学則上では位置付けを確認できないという状況が散見された。**大学において再度確認し、整合させるとともに、それぞれの授業科目を適切に開講すること。

○　**シラバスの科目名称が、学則で定められた科目名称とは異なるものが多数あるので、**早急にシラバスの記載を改めること。

○　**2 号様式、実地視察調査表、学生に配布している「教育職員免許課程ガイドブック」のそれぞれの記載内容が、整合していない箇所が散見された。**教職課程認定基準に照らして適切な教職課程となっているかどうかについて、大学として再度確認し、その結果を報告すること。

2-4　教科に関する専門的事項に関する科目の相当性について

　教科に関する専門的事項に関する科目としてふさわしいかどうかについては、授業科目名や授業科目の内容から判断します。設置しようとする区分名との相当関係があるかどうかを見極めることが基本的な視点です。判断に迷う場合は、シラバスを文部科学省に送付して相談するとよいでしょう。

■ **実地視察での指摘事項**

○ 「教科に関する科目」において、科目区分で求められる内容にふさわしい授業科目に精選すること。

○ 「教科に関する科目」において、**科目区分とは直結しがたい授業科目が複数開設されている学科が確認された**。教員養成と他の資格取得と区別する視点も含め、免許法の趣旨に鑑み、適切に対応すること。

○ 「教科に関する科目」として位置付けられている授業科目のうち、**授業科目名称からは指導法及び教材研究に関する内容を教授していると見受けられる授業科目があった**。「教科に関する科目」、「教職に関する科目」のそれぞれにおいて取り扱うべき内容は異なるため、授業内容を確認の上、必要があれば適切な科目区分に位置付けを変更すること。

○ 科目区分に即していない授業科目が散見されたため、授業内容と科目区分及び各科目に含めることが必要な事項の整合性をとるよう見直すこと。（例：情報学部情報システム学科の**中一種免（数学）、高一種免（数学）について、科目区分「コンピュータ」に開設された科目が数学に関連する内容とは見受けられない。**）

○ 教職課程の科目のうち、『**動物介在教育学**』『**動物ロボット介在教育学演習**』『**学校動物飼育技術**』などの授業科目のように、**特色ある授業科目が散見された**が、教員免許状を授与する課程が、いわゆる資格課程としての標準性が求められることも踏まえ、教職課程の科目については、教育職員免許法施行規則に定める各科目の趣旨に照らして適切な内容の授業科目を充てることとし、これらの授業科目については、学位プログラム上で学修させるなど、教職課程の科目の設定について再度御検討いただきたい。

○ **大学院の高等学校の公民の教職課程の「教科に関する科目」において、授業科目名称からは、福祉の教職課程の授業科目と思われる授業科目が大半を占めている状況が見受けられた**。学部においては、そのような状況はなく、大学院においてのみそのような状況が確認されたが、公民の専修免許状の教職課程の授業科目としてふさわしい内容であるかどうかについて御確認いただき、カリキュラム全体を再考いただきたい。

2-5　一般的包括的内容を含む科目について

　一般的包括的内容を含む科目については第1章で説明しました。詳しくは8〜9頁を参照してください。教科に関する専門的事項に関する科目の指摘事項において、一般的包括的内容を含む科目の設定に対して疑義が提起されると、学生の免許状取得に影響を及ぼします。課程認定申請時には問題なく設定されていたからこそ認定を受けることができたわけですから、こうした指摘は、認定後の変更により不適切に設定されたために起こるのでしょう。一般的包括的内容を含む科目の変更にあたっては、慎重に行わなければなりません。

■ **実地視察での指摘事項**

○ 教科に関する科目については、**一般的包括的な内容を含む科目を、必ず学生が履修することができるようにすること。**

○　中学校及び高等学校の教職課程における「教科に関する科目」は、一般的包括的な内容を含むものでなければならない。しかしながら、**一般的包括的内容を扱う授業科目が教職課程履修学生の必修又は選択必修科目に位置付けられていなかったり、必修又は選択必修科目において一般的包括的内容を扱っていることが確認できなかったりする課程があった。**教職課程において学修させるべき内容が適切に取り扱われるかどうかを確認の上、適切に授業科目の位置付け及び整理を行っていただきたい。

○　中学校及び高等学校の教職課程における「教科に関する科目」は、一般的包括的な内容を含むものでなければならないが、**一般的包括的内容を扱っている授業科目がいずれの授業科目なのかを特定できない課程があった。**教職課程において学修させるべき内容が適切に取り扱われているかどうかを確認の上、適切に授業科目の位置づけ、整理を行うこと。

○　中学校及び高等学校の教職課程における「教科に関する科目」は、一般的包括的な内容を含むものでなければならないが、**一般的包括的な内容を扱う授業科目の一部が卒業要件外の科目として開設されている状況が確認されたので、科目の適切な位置づけ及び整理を行うこと。**

2-6　教員養成を主たる目的とする学科等について

教員養成を主たる目的とする学科等については、以下の観点での審査を経て認定を受けることになります。

① 学科等の名称及び設置理念、学位及び学位の分野（短期大学においては学科の属する分野）
② 学科等の教育課程全体における教員養成に関する科目の占める割合
③ 卒業要件等における免許状取得や免許状取得に係る科目履修の位置付け
④ その他課程認定委員会において必要とされる事項

認定時にはこれらの要件を満たしても、認定後の変更により、これらの要件を満たさない内容となっていると、下記のような指摘がなされます。

■ 実地視察での指摘事項

○　目的養成であるべき小学校の教職課程の授業科目の多くが、**学則上は自由科目として位置付けられており、卒業単位に含まれない授業科目であることが確認された。**小学校の教職課程を維持するのであれば、小学校の教職課程の授業科目についても、学則において専門科目として位置付け、目的養成としての教育課程を整えること。

○　人間社会科学科の幼稚園及び小学校の教職課程の**「教科に関する科目」について、全ての授業科目が専門科目外の自由選択科目として位置付けられている状況が確認された。**幼稚園及び小学校の教職課程を有する学科等においては、「教科に関する科目」を学位プログラムにおける専門科目に位置付け、学生に体系的に学修させることが必要であるため、速やかに是正すること。

○　ライフデザイン学部生活支援学科こども支援学専攻は、幼稚園の教職課程の認定を受けているため、教職課程認定基準2（6）に定める「教員養成を主たる目的」とする学科等であることが前提である。当該学科等は教職課程認定審査の確認事項1（4）③に定めるとおり、**卒業要件において免許状取得に係る**

科目が相当程度、必修として位置付けられていることが必要である。

　　しかしながら、**学則、履修規程において、当該科目は全て選択科目として位置付けられていることが確認された**。今後、「教員養成を主たる目的」とする学科等として、卒業要件における免許状取得に係る科目の履修の位置付けを見直すこと。

○　人文社会学部心理教育学科は幼稚園一種、人間文化研究科人間文化専攻は幼稚園専修の教職課程の認定を受けているため、教職課程認定基準2（6）に定める「教員養成を主たる目的」とする学科等であることが前提である。当該学科等は教職課程認定審査の確認事項1（4）③に定めるとおり、**卒業要件において免許状取得に係る科目が相当程度、必修として位置付けられていることが必要**である。

　　しかしながら、**学則、履修規程において、当該科目は全て選択科目として位置付けられていることが確認された**。今後、「教員養成を主たる目的」とする学科等として、卒業要件における免許状取得に係る科目の履修の位置付けを見直すこと。

○　教員養成を主たる目的とする学科等が認定を受ける幼稚園教諭免許状の課程において、**教職科目が学則上全て選択科目に位置づけられている**ため、課程認定審査の確認事項で求められている適切な履修方法とすること。

○　教育学科幼児教育専攻（幼稚園）及び教育学科児童教育専攻（小学校）は、教職課程認定基準2（6）に定める「教員養成を主たる目的」とする学科等であることが前提である。当該学科等は教職課程認定審査の確認事項1（4）③に定めるとおり、**卒業要件において幼稚園又は小学校の免許状取得に係る科目が相当程度、必修として位置付けられていることが必要**である。

　　しかしながら、**学則、履修規程等において、幼児教育専攻については当該科目の全てが、児童教育専攻小中コースにおいては小学校教諭免許状取得に係るほとんどの科目が、選択科目として位置付けられていることが確認された**。今後、「教員養成を主たる目的」とする学科等として、卒業要件における幼稚園又は小学校の免許状取得に係る科目の履修の位置付けを見直すこと。

○　子ども教育学科（幼稚園教諭課程、小学校教諭課程）は、教職課程認定基準2（6）に定める「教員養成を主たる目的」とする学科等であることが前提である。当該学科等は教職課程認定審査の確認事項1（4）③に定めるとおり、**卒業要件において幼稚園又は小学校の免許状取得に係る科目が相当程度、必修として位置付けられていることが必要**である。

　　しかしながら、**学則等において、子ども教育学科の大半の科目が、選択科目として位置付けられていることが確認された**。今後、「教員養成を主たる目的」とする学科等として、卒業要件における幼稚園及び小学校の免許状取得に係る科目の履修の位置付けを見直すこと。

○　社会福祉学部子ども教育福祉学科は幼稚園教諭一種免許状及び小学校教諭一種免許状、社会福祉学研究科教育福祉学専攻は幼稚園教諭専修免許状及び小学校教諭専修免許状の教職課程の認定を受けているため、教職課程認定基準2（6）に定める「教員養成を主たる目的」とする学科等であることが前提である。当該学科等は教職課程認定審査の確認事項1（4）③に定めるとおり、**卒業要件において免許状取得に係る科目が相当程度、必修として位置付けられていることが必要**である。

　　しかしながら、**学則、履修規程等において、当該科目はほとんどが選択科目として位置付けられているなど、課題が散見された**。今後、「教員養成を主たる目的」とする学科等として、卒業要件における免許状取得に係る科目の履修の位置付けを見直すこと。

○　教育学部現代教育学科は、幼稚園及び小学校の教職課程の認定を受けているため、教職課程認定基準
　　2（6）に定める「教員養成を主たる目的」とする学科等であることが前提である。当該学科等は教職課程
　　認定審査の確認事項1（4）③に定めるとおり、**卒業要件において免許状取得に係る科目が相当程度、必**
　　修として位置付けられていることが必要である。しかしながら、**学則、履修規程において、当該科目の**
　　ほとんどが選択科目として位置付けられていることが確認された。今後、「教員養成を主たる目的」とす
　　る学科等として、卒業要件における免許状取得に係る科目の履修の位置付けを見直すこと。

○　音楽文化学部音楽文化学科幼児音楽教育専修は幼稚園一種の教職課程の認定を受けているため、教職
　　課程認定基準2（6）に定める「教員養成を主たる目的」とする学科等であることが前提である。当該学
　　科等は教職課程認定審査の確認事項1（4）③に定めるとおり、**卒業要件において免許状取得に係る科目**
　　が相当程度、必修として位置付けられていることが必要である。今後、「教員養成を主たる目的」とする
　　学科等としてよりふさわしいものになるよう、卒業要件における免許状取得に係る科目の履修の位置付
　　けを見直すこと。

2-7　教科に関する専門的事項に関する科目のカリキュラム上の位置づけについて

　　教科に関する専門的事項に関する科目は、免許状取得に必要な科目であると同時に、学科等における
学位を取得するための専門科目（学位プログラムを構成する科目）の一部でもあります。したがって自
由科目という位置づけは認められていません。

■ 実地視察での指摘事項

○　「教科に関する科目」は、教職課程の一部であると同時に、学科等における学位を取得するための専門
　　科目の一部であり、教職を志す学生は、「教科に関する科目」と専門分野の学位を取得するための専門科
　　目を取得することによって、教科に関する専門性を高めていくことが期待されている。一部の学科等に
　　おいて、**「教科に関する科目」が、「自由科目」として学位プログラムの外に位置付けられているように見**
　　受けられることから、確認の上、速やかに是正すること。なお、教職課程の編成にあたっては、学位プ
　　ログラムとしての専門科目と「教科に関する科目」の関連性に配慮しながら、体系的に編成を行うように
　　努めていただきたい。

○　「教科に関する科目」は、教職課程の一部であると同時に、学科等における学位を取得するための専門
　　科目の一部であり、教職を志す学生は、「教科に関する科目」と学位を取得するための専門科目を取得す
　　ることによって、教科に関する専門性を高めていくことが期待されている。一部の学科等において、**「教**
　　科に関する科目」が、「教職課程科目」として学位プログラムの外に位置付けられているように見受けら
　　れることから、速やかに是正すること。また、教職課程における教育課程の編成に当たっては、学位
　　プログラムとしての専門科目と「教科に関する科目」の関連性に配慮しながら、体系的に編成を行うように
　　努めていただきたい。

○　「教科に関する科目」については、自学科等での開設を原則としている一方、教職課程の科目内容の水
　　準の維持・向上等を図る観点から、教育職員免許法施行規則に定める科目区分の半数までは他学科又は
　　共通開設の授業科目を充てることを可能としている。しかし、貴学の学則において、**「教科に関する科目」**
　　は、「教職等関連科目」として学位プログラムの外に位置付けられており、更にそれらの授業科目は、教
　　職課程を置く学科等における開設授業科目なのか、他学科開設授業科目なのか、共通教育科目なのかが

区別されていないため、それらを明確にするとともに、科目区分の半数を超えて他学科又は共通開設の授業科目を充てていないかどうかを確認し、必要があれば教職課程認定基準を満たすように速やかに是正すること。

○　教職課程については、1年次～4年次に系統的に編成されているように見受けられ、評価できる。一方で、「教科に関する科目」は、教職課程の一部であると同時に、学科等における学位を取得するための専門科目の一部であり、教職を志す学生は、「教科に関する科目」とその他の学位を取得するための専門科目を取得することによって、教科に関する専門性を高めていくことが期待されている。一部の学科等においては、**「教科に関する科目」が、「関連専門科目」として学位プログラムの外に位置付けられているように見受けられることから、確認の上、速やかに是正すること。**なお、教職課程の編成に当たっては、学位プログラムとしての専門科目と「教科に関する科目」の関連性に配慮しながら、体系的に編成を行うように努めていただきたい。

○　開放制の原則における教職課程については、各学科の専門科目を履修することで各教科の専門性を高めることを期待されている一方、貴学における課程認定の申請時は各学科の専門科目を含めて申請しているにもかかわらず、学則や学生向けの手引き（STUDY GUIDE）等には**卒業要件外に定められた免許状取得のための共通開設科目（一般的包括的科目を含む）のみを履修すれば免許状を取得できる旨の記載がある。今後、免許教科の専門的知識・技能を確実に修めることができるように、教職課程の編成及び履修指導を速やかに是正すること。**

2-8　各学科等の目的・性格と免許状との相当関係について
　教職課程設置の大前提となる項目です。2009（平成21）年度以降に設置された課程については、学科等の目的・性格と免許状との相当関係の考え方について整理されたため、指摘を受けることは少ないでしょう。

■ **実地視察での指摘事項**

○　大学における教員養成として、大学の学科等に置かれる教職課程は、各学科等の目的・性格と免許状とが相当関係を有し、その学科等の学位プログラムとしての各科目内容と教育職員免許法施行規則に定める各科目内容の修得によって、教員としての専門性を担保するものであるが、**免許状の取得を目的とする学生のための履修プログラムが体系的に編成されていることが確認できないため、**今後は、学位プログラムにおいて体系的な履修が行われるよう、教育課程の見直しを検討いただきたい。

○　大学における教員養成として、大学の学科等に置かれる教職課程は、各学科等の目的・性格と免許状との相当関係について審査の上、その学科等の学位プログラムとしての各科目内容と教育職員免許法施行規則に定める各科目内容の修得によって、教員としての専門性が担保されることが確認されて初めて認定されるものである。総合政策学科は公民と英語の高等学校教諭免許状を取得可能としているものの、**英語の「教科に関する科目」及び関連科目が語学区分や教養区分に配置されており、英語教員としての専門性が担保できているように見受けられない。**今後は、学位プログラムにおいて英語系と社会系それぞれの専門性が担保できるよう、教育課程の見直しを検討いただきたい。

○　「教科に関する科目」は、教職課程の一部であると同時に、学科等における学位を取得するための専門科

目の一部であり、教職を志す学生は、「教科に関する科目」と学位を取得するための専門科目を取得することによって、教科に関する専門性を高めていくことが期待されている。初等教育専攻と共生科学専攻においては、**「教科に関する科目」が、それぞれの専攻の科目として位置付けられていないように見受けられることから、速やかに是正すること。**なお、教職課程の編成に当たっては、学位プログラムとしての専門科目と「教科に関する科目」、「教職に関する科目」の関連性に配慮しながら、体系的な編成に努めること。

○　商学部商学科において保健体育の課程認定を受けているが、学科等の目的・性格と免許状との相当関係の考え方について整理された後からは、**認定され得ない形の教職課程となっている。**管理運営に強い教員養成をするとの説明があったが、免許教科である保健体育についての専門性を養うために、今後、カリキュラムの充実を図るとともに、教職課程の在り方について再度御検討いただきたい。

○　人間福祉学部心理福祉学科の中学校教諭（社会）、高等学校教諭（公民）の課程については、必修以外の教科に関する科目が少ないため、学生が免許教科の専門性を向上することができるような科目として、**必修以外の教科に関する科目に関連する科目についても充実するよう努めること。**

○　人間福祉学部心理福祉学科の中学校教諭（社会）、高等学校教諭（公民）の課程については、**教科に関する科目と社会福祉等の科目との関連性が見えづらい。**本来、教科に関する科目は学科等における学位を取得するための専門科目の一部であり、教職を志す学生は、教科に関する科目とその他の学位を取得するための専門科目を取得することによって、教科の専門性を高めていくことが期待されている。このため、教職課程の編成にあたっては、学位プログラムとしての専門科目と教科に関する科目の関連性に十分留意しながら、その編成を行うよう努めること。

○　人間科学部心理学科における中学校及び高等学校教諭一種免許状（保健）の課程と養護教諭一種免許状の課程については、**学科の目的と教科に関する科目及び養護に関する科目との関連性が見えづらい。**
　本来、教科に関する科目や養護に関する科目は、学科等における学位を取得するための専門科目の一部であり、教職を志す学生は、教科に関する科目や養護に関する科目とその他の学位を取得するための専門科目を取得することによって、その専門性を高めていくことが期待されている。このため、教職課程の編成にあたっては、学位プログラムとしての専門科目と教科に関する科目の関連性に十分留意しながら、その編成を行うよう努めること。

○　法学部国際政治学科に置かれている、中高（英語）の課程については、**学科の目的と教科に関する科目との関連性が見えづらい。**本来、教科に関する科目は学科等における学位を取得するための専門科目の一部であり、教職を志す学生は、教科に関する科目とその他の学位を取得するための専門科目を取得することによって、教科の専門性を高めていくことが期待されている。このため、教職課程の編成にあたっては、学位プログラムとしての専門科目と教科に関する科目の関連性に十分留意しながら、その編成を行うよう努めること。

○　開放制により教員養成を行う場合、免許法上の最低修得単位数である 20 単位分の「教科に関する専門的事項」の科目に加え、学科教育としての専門科目を履修することによって、各教科の専門性を高めていくことが重要である。その点、経済学部経済学科の高（地理歴史）、地域政策学部地域政策学科の高（公民）、及び同学部観光政策学科の高（地理歴史）の課程は、**ほとんどの科目が学位プログラム上の選択科目として位置付けられている。今後、免許教科の専門性を担保できるように学位プログラム上での履修**

方法の工夫を検討いただきたい。

○　開放制により教員養成を行う場合、免許法上の最低修得単位数である 20 単位分の「教科に関する専門的事項」の科目に加え、学科教育としての専門科目を履修することによって、各教科の専門性を高めていくことが重要である。その点、教育学部現代教育学科の中・高（英語）、及び健康科学部人間環境デザイン学科の中・高（家庭）について、**当該課程の科目は全てが学位プログラム上の選択科目として位置付けられている。今後、免許教科の専門性を担保できるように学位プログラム上での履修方法の工夫を検討いただきたい。**

○　開放制により教員養成を行う場合、免許法上の最低修得単位数である 20 単位分の「教科に関する科目」に加え、学科教員としての専門科目を履修することによって、各教科の専門性を高めていくことが重要である。その点、国際教養学部においては、**英語関係の科目の多くが専門教育科目の外側に配置されており、専門教育科目における英語関係の科目が社会科学等の他の分野と比して少ないように見受けられる。**今後、大学の資源を有効活用し、免許教科の専門性を担保できるように履修上の配慮・工夫を図っていただくとともに、大学としての特色あるカリキュラムの開設を期待する。

○　特に法学部法学科について、今後も地理歴史の認定課程を維持するのであれば、地理歴史に関してより専門的な科目の開設を検討いただきたい。

2-9　シラバスについて

　シラバスの記載については、課程認定申請時にチェックを受けます。申請時に問題はなかったものの、認定後の毎年のシラバス作成において、記載ルールが守られなければ、下記のような指摘内容を受けてしまいます。継続的で組織的なチェック体制が求められます。

■ 実地視察での指摘事項

○　**授業計画において、授業計画に概要やテーマのみを記載している、各授業回を枝番のみで区別しているシラバスが見受けられた。**今後は、ファカルティ・ディベロップメントなどを通じて、全学的な体制により、学生が理解しやすいシラバスの作成に努めていただきたい。

○　**授業計画において、授業内容が同一の回及び同様の内容を数字のみで区別している回がみられたため、シラバス全般を確認し、各授業回で学習する内容が明確になるよう、修正すること。**

○　シラバスの書き方及び内容について、各回の授業計画が不明瞭であるものが見受けられ、**各教科の指導法において学習指導要領が扱われていない**など、十分でない点が見られるため、再点検の上、改善に努めていただきたい。

○　**一部科目において、シラバスが二種類存在しており、キャンパスごとに開設している状況が確認されたため、科目名称を変更し別科目として開設するか、同一科目としてシラバスを統一すること。**

○　教職課程の編成、シラバスの内容確認等について、現状は学科毎又は教員毎に取り組んでいるが、**全学的なチェック体制を早急に整備**し、教職課程の質向上に努めること。

○　シラバスの記載内容及び記載方針をチェックする体制として、教員のファカルティ・ディベロップメントを活用することについても御検討いただきたい。

○　教員養成の質を向上する上で、授業内容・シラバスの充実は欠かせないものである。例えば、ファカルティ・ディベロップメントとして、教職課程のシラバスの作成方法等をテーマとして取り上げるなどの体制を整備していただきたい。

○　シラバスにおいて、実際には必要事項を扱っていることが確認できたが、教職課程コアカリキュラムを満たしているかが判然としないものが見受けられた。また、**見学した授業も教育職員免許法施行規則に規定する事項を踏まえたものになっているか判然としなかった。**シラバスや授業について担当教員に任せるのではなく、全学的なチェック体制を確立することが望ましい。

○　シラバスについて、コアカリキュラムの各目標に対応しているようであるが、そのことが明確となるよう、記載内容や記載方法を見直すこと。

○　「保育内容の指導法（情報機器及び教材の活用を含む。）」の授業科目において、「模擬保育」について、事項の趣旨に照らして十分な内容を取り扱っていることが確認できないシラバスが見られた。教職課程コアカリキュラムを参照の上、施行規則に定める事項の趣旨に照らして適切な授業内容及び表記となるよう、再度検討すること。

○　**「保育内容の指導法（情報機器及び教材の活用を含む。）」における情報機器の活用について、保育者が情報機器を活用するという観点だけではなく、子ども自身が学びのツールとして情報機器を活用することも視野に入れてシラバスを再検討し、明確に示すこと。**

○　「保育内容の指導法」に関する科目について、各領域の専門的事項のみを必修科目とするのではなく、指導法に関する内容が必ず取り扱われるようシラバスや履修方法を再度検討すること。

○　「各教科の指導法（情報通信技術の活用を含む。）」の授業科目において、「情報通信技術の活用」について、事項の趣旨に照らして十分な内容を取り扱っていることが確認できないシラバスが散見された。教職課程コアカリキュラムを参照の上、施行規則に定める事項の趣旨に照らして適切な授業内容及び表記となるよう、再度検討すること。

○　「各教科の指導法（情報機器及び教材の活用を含む。）」の授業科目において、「情報機器の活用」について、事項の趣旨に照らして不十分な内容となっている科目が見られた。教職課程コアカリキュラムを参照の上、施行規則に定める事項の趣旨に照らして適切な授業内容となるよう、再度検討すること。

○　**「各教科に関する指導法」に関する科目について、学習指導要領を参考書又はテキストとして含めていない授業科目が散見された。**教職課程に必要な授業科目を網羅しつつ、シラバスに正確な情報を記載すること。

○　**「各教科の指導法」に関する科目について、学習指導要領、幼稚園教育要領、及び幼保連携型認定こども園教育・保育要領等を参考書又はテキストとして含め、科目の趣旨に沿った内容を行っていることが**

シラバスの授業計画から明確に確認できるように是正すること。

○ 「教育に関する社会的、制度的又は経営的事項（学校と地域との連携及び学校安全への対応を含む。）」の授業科目において、「学校安全への対応」について、事項の趣旨に照らして十分な内容を取り扱っていることが確認できないシラバスが見られた。教職課程コアカリキュラムを参照の上、施行規則に定める事項の趣旨に照らして適切な授業内容及び表記となるよう、再度検討すること。

○ 「各教科の指導法」の授業科目のシラバスにおいて、模擬授業を取り扱っていることが明確でないものが見られた。教職課程コアカリキュラムを踏まえ、確実に取り扱うよう検討すること。

○ 教育職員免許法施行規則第66条の6に定める「日本国憲法」について、法学概論にかかる内容だけではなく、日本国憲法に関する内容を含むように内容を再度検討すること。

○ 教育職員免許法施行規則第66条の6に定める「体育」の科目について、理論だけではなく、体育実技に関する内容を含むように内容を再度検討すること。

○ 高等学校の教職課程のみとなっているが、「教職に関する科目」のシラバスにおいて保育園や幼稚園の内容を扱っている授業科目が見受けられた。各科目の趣旨に照らして適切な授業内容であるかどうかを確認し、内容を再度検討すること。

○ 教職課程認定申請時に提出されたシラバスと、学生が履修にあたって参考にするハンドブックに記載されている内容が大きく異なっており、ハンドブックには、授業の到達目標及びテーマ、各回の授業計画（15回分）、テキスト及び参考書、評価方法についての項目が設けられていない状況が確認された。シラバスは、教職課程の授業科目として、取り扱うべき事項が適切に扱われているかどうかを確認するためにも重要であるが、学生に対してあらかじめ授業内容や、到達目標等を示すことによって、学生の授業への取り組みの動機付けとするものである。教職課程認定申請時にのみ、シラバスを作成するのではなく、学生が閲覧できるような形でシラバスの作成・管理をするように改善いただきたい。

○ 教育の基礎理論に関する科目について、同じ名称の授業科目を複数開講し、それぞれ担当する教員が異なる場合に、授業ごとの内容が異なる場合があるが、教員免許状を授与する課程が、いわゆる資格課程としての標準性と、大学における教員養成としての多様性の両面があることを踏まえ、当該科目の内容については、教育職員免許法施行規則に定める各科目の趣旨に則った上で、貴学の教員養成ポリシーを踏まえた内容とするよう調整を図ること。

○ 同じ名称の授業科目を複数の教員がクラス分けで担当する場合に、授業の内容が大きく異なっているものがある。教員免許状を授与する課程が、いわゆる資格課程としての標準性と、大学における養成としての多様性の両面があることを踏まえ、当該科目の内容については、教育職員免許法施行規則に定める各科目の趣旨に則った上で、教員養成理念を踏まえた内容とするよう全学組織において調整を図ること。

○ 同じ名称の教職課程の授業科目でありながら、担当教員によって、内容が全く異なる授業科目がある。教職課程は、教員免許状という資格を授与する課程であることに鑑み、授業内容の扱いについて、個々の教員に完全に委ねるのではなく、全学的組織において決められた教育課程の編成方針のもと、その内

容の検討・点検ができるような体制・仕組みとすること。

○　**シラバスの記載方法が各授業科目及び担当教員によってばらばらである。** 教職課程は、教員免許状を取得するためのいわゆる資格課程としての標準性と、大学における教員養成としての多様性の両面があることから、シラバスの各授業科目の内容については、教育職員免許法施行規則に定める各科目の趣旨に則った上で、貴学の教員養成ポリシーを踏まえた内容とする必要がある。

○　**同じ名称の授業科目を複数開講し、それぞれ担当する教員が異なる場合に、授業の内容が異なる場合があるが、**教員免許状を授与する課程が、いわゆる資格課程としての標準性と、大学における養成としての多様性の両面があることを踏まえ、当該科目の内容については、教育職員免許法施行規則に定める各科目の趣旨に則った上で、貴学の教員養成ポリシーを踏まえた内容とするよう調整を図ること。

○　「教科に関する専門的事項」に関する授業科目と「各教科の指導法」に関する授業科目との線引きが曖昧で、**「各教科の指導法」で扱うべき内容が「教科に関する専門的事項」で取り扱われている授業科目が散見された。**それぞれ区別を明確にした上で、「教科に関する専門的事項」に関する授業科目は学生の知識を高めるものに、「各教科の指導法」に関する授業科目は教職課程コアカリキュラムを踏まえたものとなるよう検討すること。

○　**「領域に関する専門的事項」の科目の教授内容に関し、複数の授業科目の一部の授業回で「保育内容の指導法（情報機器及び教材の活用を含む。）」で教授すべき内容が含まれている**ことが確認された。免許法施行規則に定める事項の趣旨に照らして領域の専門的知識を深化させる内容となるよう検討するとともに、シラバスで明確にすること。

2-10　教員負担について

事務職員の業務負担と同様に、教員への負担も特定の教員・特定の業務に偏らないようにする組織体制が求められます。

■ 実地視察での指摘事項

○　**面接指導や、教育課程外で特別な講座を設けるなど、学生への手厚い支援は評価できる一方、教員の負担になっている可能性もあり、大学として教員の研究活動に十分な支援体制が整っているか判然としなかった。**今後は FD 研修等による教員の活動支援や研究時間の確保について検討することが望ましい。

○　大学教員の研究と学生への指導は両輪の関係であるため、**大学教員が研究に従事できるよう学内の整備について引き続き検討すること。**

○　教科専門の教員が、教職に関する科目を担当している状況が見受けられた。一部の教員に過重な負担とならないように留意しつつ、**教職課程を構成するそれぞれの科目を担当するにふさわしい研究業績をもつ教員を、適正に配置するよう努めていただきたい。**

○　**一部の教員に過重な負担とならないように留意しつつ、**教職課程を構成するそれぞれの科目を担当するにふさわしい研究業績をもつ教員を、適正に配置するよう努めること。

○　教職課程は、「教科に関する科目」及び「教職に関する科目」によって編成されるものであり、両科目を担当する教員が協力して、教職課程を運営していくことが重要である。現行においては、**教職課程の運営が一部の専任教員に集中しているように見受けられる**ことから、両科目を担当する専任教員が、教職課程の運営に積極的に参加するような仕組みを構築していただきたい。

○　**一人の教員が異なる分野の複数の授業科目を担当している状況が確認された。**特に通信教育部においては、全国各地に数千人もの学生がおり、一人で複数科目を担当することは、極めて困難と見受けられた。規模に応じた適正な教員配置を行うこと。

2-11　教員業績について

教員の業績については課程認定申請時において審査がなされるものの、それ以降の教員変更では業績審査がありません。担当科目と業績との関連性は大学での採用時の審査に委ねられます。適切な判断基準を設けるのは難しいところですが、厳格な審査が求められるということには変わりはないでしょう。

■ 実地視察での指摘事項

○　採用時に教員の研究業績を審査しているとのことであるが、**授業科目を指導する際に期待される専門的知識が、研究業績等を踏まえると充分であるか判然としない教員が散見された。**採用時における学内の審査のあり方についても検討することが望ましい。

○　**教員の研究分野及び研究実績と担当する教職課程の授業科目の内容に齟齬が生じているものがある。**特に教職課程が認定された後に授業科目の担当を変更する場合は、各大学において、教育職員免許法及び同施行規則、並びに昨今の中央教育審議会等における教員養成を巡る動向に留意しつつ、当該担当教員が、教職課程（教職に関する科目及び教科に関する科目）の各授業科目の内容を教授可能な業績を有しているか否かを丁寧に審査した上で、当該科目の担当とすること。

○　**新たに大学教員を採用する際は、当該教員の研究業績が、その授業科目を担当することに適切かどうか学内で判断した上で行うこと。**

○　**授業科目を指導する際に期待される専門的知識が、研究業績等を踏まえると充分であるか判然としない教員が散見された。**採用後も研究業績を積むよう、大学として支援していただきたい。

○　**研究業績等が比較的多い一部の教員に多くの授業科目の担当が集中しており、教員間で負担が偏っているように見受けられた。研究業績等が比較的少ない教員に対して、今後研究業績等を積むことができるよう、学内の支援体制を厚くすることが望ましい。**

○　**研究領域が異なる授業科目を多数担当している教員が見受けられた。**教員自身の過重な負担はもとより、専門性確保の観点から、教員の研究分野及び研究業績と担当する教職課程の授業内容に齟齬がないかどうかを再度御確認いただきたい。

○　教職課程の授業科目を担当する教員については、現在関連する「活字業績」を有する場合であっても、より時代に即した業績を備えていくことが適当であり、**大学紀要や教職センター年報に掲載するなど、**

大学において各教員が常に研鑽さんに努めていくよう支援することに引き続き努めていただきたい。

○　**過去の変更届において、教職課程担当教員の担当科目に関わる活字業績が不足していた状況が見受けられた**ため、ファカルティ・ディベロップメント等を通じた授業内容の省察・改善や**学内研修、関係学会や研究紀要への論文投稿などにより、担当科目において含めることが必要な事項に関わる研鑽を積むことができる**環境の整備に努めていただきたい。

○　教職課程担当教員の担当科目に関わる活字業績が不足している状況が見受けられたため、ファカルティ・ディベロップメント等を通じた授業内容の省察・改善や**学内研修、関係学会や研究紀要への論文投稿などにより、担当科目において含めることが必要な事項に関わる研鑽を積むことができる**環境の整備に努めていただきたい。

○　**ほとんどの授業科目において、課程認定当初とは別の教員に変更されているように見受けられた。**課程認定から何年か経過した後には、教員の退職等により、教員変更を余儀なくされることは当然考えられるが、教員変更に当たっては、教育職員免許法及び同法施行規則、並びに昨今の中央教育審議会等における教育養成を巡る動向に留意しつつ、当該担当職員が、教職課程の各授業科目の内容を教授するに当たって適当な業績を有しているか否かについて、各大学の責任のもと、課程認定申請時の指摘事項を踏まえつつ、丁寧に審査することが必要である。この点について、今後御留意いただきたい。

○　**昨年度の教職課程認定審査時の担当教員と、実際に授業を行っている教員が異なる授業科目が見受けられた。教職課程認定制度の趣旨に鑑みて、このような変更は認められない。**課程認定から何年か経過した後には、教員の退職等により、教員変更を余儀なくされることは当然考えられるが、教員変更にあたっては、教育職員免許法及び同法施行規則、並びに昨今の中央教育審議会等における教員養成を巡る動向に留意しつつ、当該担当教員が、教職課程の各授業科目の内容を教授するに当たって適当な業績を有しているか否かについて、各大学の責任のもと、課程認定申請時の指摘事項を踏まえつつ、丁寧に審査することが必要である。この点について、今後御留意いただきたい。

2-12　実務家教員について

実務家教員については、「研究者教員とのバランスを考慮したうえでの人事配置」を求める意見があり、採用後の支援体制についても指摘されているところです。

■ 実地視察での指摘事項

○　**実務家教員を多く採用していることは有効と思われるが、一方で、授業科目の特性に応じて研究者教員とのバランスも重要**なため、計画的な人事配置に努めてもらいたい。

○　「教育の基礎的理解に関する科目等」及び「各教科の指導法（情報通信技術の活用を含む。）」の科目を担当する**実務家教員のうち、担当授業科目に関する研究業績が充分にあるか判然としない教員が一部見られた。**採用後も研究業績を積むように大学として指導していただきたい。

○　実務家教員を多く配置し教職指導等に様々取組んでいることがうかがえたが、一方で、教職課程に携わる上での専門性の向上も重要である。**実務家教員のアカデミックスキル向上のため、引き続き大学と**

しての組織的な支援を継続していただきたい。

○ 実務経験を有する者を教職課程の担当教員として登用する際には、継続的に学校現場における実践を大学において理論化し教授することを可能とするように、**実務家教員の研究活動の支援や登用方法の工夫を図るよう努めること。**

2-13 FD の実施について

「教職課程の自己点検・評価及び全学的に教職課程を実施する組織に関するガイドライン」において示されている自己点検・評価の観点の例示は次のとおりです。

> いわゆる教科専門の授業科目を担当する教員や実務家教員も含め、教員の養成の目標及び当該目標を達成するための計画への理解をはじめ教職課程を担う教員として望ましい資質・能力を身に付けさせるための FD・SD が確実に実施されているか、適切な内容（例えば、教員の養成の目標及び当該目標を達成するための計画の共有のほか、「教学マネジメント指針」（Ⅳ）を参考としつつ内容を検討することも考えられる。）が実施できているか、実際に参加が確保できているか等

大学設置基準において FD は義務化されています。教職課程では、上記ガイドラインにて実施にあたっての観点が例示されていますので、これを参考に実施する必要があります。

■ 実地視察での指摘事項

○ 各教科の指導法等を担当する教員への支援は行われているが、**全学的な FD 研修が実施されていない。教員養成や教職課程の充実に向けたテーマの FD 研修を実施できるよう注力願いたい。**

○ 教職課程を担当する教員の業績の確認を採用時にのみ実施しており、また、教職課程に関する FD 研修は実施していないとのことだが、教職課程を担当する教員に求められる内容は絶えず変化するため、教員が継続して研究業績を積んでいるかを確認する仕組みの構築や教職課程に関する FD 研修の実施等、教員の質向上に向けた対応を検討すること。

○ 教員の FD については、オンライン授業の方法等について各教員が発表し、意見交換しているということが確認できたが、**中教審の動きや教育の最新の情報等について定期的に学内で共有できるよう、FD の内容の充実を図ること。**

○ **教職センターを含めた全学で FD が行われていることが確認できた。**今後も引き続き、中教審の動向や教育の最新の情報等など教育に関する動きを学内で共有できるように検討していただきたい。

2-14 教員配置について

課程認定申請後にやむを得ず教員を変更することもあるでしょう。完成年度までに大幅に入れ替わるような変更でなければ、教員変更は許容範囲の状況となります。

■ 実地視察での指摘事項

○　専任教員は、担当授業科目の実施のみに限らず、兼担・兼任の教員をまとめ、教職課程全体のカリキュラム編成、教職指導などについて、中心となって担当することが求められている。現状では、教育職員免許法施行規則に定める含めることが必要な事項のうち、**特殊な1分野だけを担当している教員が専任教員として位置付けられているように見受けられた。**教職課程全体の質の確保という観点から、専任教員の配置について、今後御検討いただきたい。

○　教育学部の教員組織について、**課程認定の直後であるにもかかわらず教職に関する科目の専任教員の大幅な変更を行っている状況が見受けられた。教職課程における教育課程及び教員組織については、少なくとも認定後から教育課程の完成年度までは変更を行わないことを前提として申請を行うものである**ため、教員配置及び教員組織の在り方について十分に留意した上で、教職課程の運営に取り組んでいただきたい。

○　教員組織について、**課程認定の直後であるにもかかわらず教科に関する科目の専任教員の大幅な変更を行っている状況が見受けられた。教職課程における教育課程及び教員組織については、少なくとも認定後から教育課程の完成年度までは変更を行わないことを前提として申請を行うものである**ため、教員配置及び教員組織の在り方について十分に留意した上で、教職課程の運営に取り組んでいただきたい。

○　**過去の教職課程認定において、大学都合による専任教員変更の事案が審査期間中に複数回発生したことが確認された。教職課程における教育課程及び教員組織については、少なくとも認定後から教育課程の完成年度までは変更を行わないことを前提に申請を行うものである**ため、教員配置及び教員組織の在り方について十分に留意した上で、教職課程の運営に取り組んでいただきたい。

○　**昨年度課程認定審査時に業績不足又は業績不一致により担当不可と認定を受けた教員が、今年度不可と認定を受けた授業科目を担当している状況が確認された。**年次進行のため、今年度以前の入学者の教職課程については、不可となった教員も含めて既存の担当教員を充てているとの説明であったが、課程認定審査における指摘事項を踏まえ、適切な教員配置となるように是正いただきたい。

第6章

教職課程事務の極意【3】

実地視察での指摘事項から学ぶ【2】

　本章では、第5章に続いて、「教職課程認定大学等実地視察」（以下、実地視察）による報告書の指摘事項を自分ごととしてとらえることができるように読み込んでいきます。第5章で述べたように実地視察報告書の項目は次の7つとなります。

　①教職課程の実施・指導体制（全学組織等）
　②教育課程、履修方法及びシラバスの状況
　③教育実習の取組状況
　④学生への教職指導の取組状況及び体制
　⑤教育委員会等の関係機関との連携・協働状況(学校支援ボランティア活動等の活動状況)
　⑥施設・設備（図書を含む。）の状況
　⑦その他特記事項

　本章では上記のうち③以降の項目を順に紹介していきましょう。前章同様、指摘事項の**太字**は筆者によるものです。前章と同様に、表記を統一するために一部表記を報告書記載内容から修正しています。また一般化するために指摘事項に大学名が記されている部分については削除しています。

1　③教育実習の取組状況

1-1　教育実習についての規定の明文化
　「平成18年答申」を受け、「免許法施行規則第22条の5」に教育実習についての規定が明文化されました。

▼免許法施行規則
（認定課程における教育実習等の円滑な実施）
第22条の5　認定課程を有する大学は、教育実習、心身に障害のある幼児、児童又は生徒についての教育実習、養護実習及び栄養教育実習（以下この条において「教育実習等」という。）を行うに当たつては、教育実習等の受入先の協力を得て、その円滑な実施に努めなければならない。

■平成18年答申：教育実習の改善・充実─大学と学校、教育委員会の共同による次世代の教員の育成─

　課程認定大学は、教育実習の全般にわたり、学校や教育委員会と連携しながら、責任を持って指導に当たることが重要である。
　実習内容については、個々の学生の履修履歴等に応じて、内容の重点化も考慮する必要があるが、その場合でも、十分な授業実習の確保に努めることが必要である。
　大学の教員と実習校の教員が連携して指導に当たる機会を積極的に取り入れることが必要である。

　また、実習校においては、基本的に複数の教員が協力して指導に当たることが必要である。

　大学においては、教育実習の円滑な実施に努めることを、法令上、明確にすることが必要である。また、履修に際して満たすべき到達目標をより明確に示すとともに、事前に学生の能力や適性、意欲等を適切に確認することが必要である。教育実習に出さないという対応や、実習の中止も含め、適切な対応に努めることが必要である。

　いわゆる母校実習については、できるだけ避ける方向で、見直しを行うことが適当である。

　各都道府県ごとに、教育実習連絡協議会を設置し、実習内容等について共通理解を図るとともに、実習生を円滑に受け入れていく具体的な仕組みについて検討することが必要である。

● 教育実習は、学校現場での教育実践を通じて、学生自らが教職への適性や進路を考える貴重な機会であり、今後とも大きな役割が期待される。教育実習は、課程認定大学と学校、教育委員会が共同して次世代の教員を育成する機会であり、大学は、教科に関する科目の担当教員と教職に関する科目の担当教員が共同して、教育実習の全般にわたり、学校や教育委員会と連携しながら、責任を持って指導に当たることが重要である。

　　また、各大学は、教職課程の全体の中で、体系的な教育実習の実施に留意することが必要である。

● （2）で述べた教職実践演習（仮称）を新設することとする場合、教育実習と当該科目との関係を整理することが必要である。この点については、両者は趣旨・目的が異なるものの、将来教員になる上で、何が課題であるのかを自覚する機会として共通性があることや、履修時期が近接していること等から、内容や指導の面での関連性や連続性に留意にして、実施することが適当である。具体的には、教育実習やその後の事後指導を通して明らかになった課題を教職実践演習（仮称）で重点的に確認したり、必要に応じて補完的な指導を行うなどの工夫を図ることが適当である。

● 教育実習における実習内容は、学校における教育活動全体を視野に入れることが基本であるが、学生の履修履歴や免許状の種類に応じて、例えば、授業実習の比重を高めたり、学級経営の比重を高めるなど、実習内容を重点化することも考慮する必要がある。なお、その場合でも、教科指導の実践は教育実習の最も重要な内容であることから、課程認定大学は、学校や教育委員会と協力しながら、十分な授業実習の機会の確保に努めることが必要である。

● 教育実習においては、課程認定大学と実習校の協力により、授業案を作成したり、教材研究の指導を行うなど、大学の教員と実習校の教員が連携して指導に当たる機会を積極的に取り入れることが必要である。また、実習成績の評価についても、適切な役割分担の下に、共同して行うことが適当であるが、その場合には、実習校により評価にばらつきが生じないよう留意することが必要である。

● 実習校においては、基本的に複数の教員が協力して指導に当たることとし、また、当該教員については、教育実習担当教員として、校務分掌上、明確に位置付けるなど、責任を持って実習生を指導する校内体制を構築することが必要である。

● 教育実習は、課程認定大学の教職課程の一環として行われるものであり、各大学における適切な対応を担保するため、課程認定大学は、実習校の協力を得て、教育実習の円滑な実施に努めることを、法令上、明確にすることが適当である。

● 課程認定大学は、教員を志す者としてふさわしい学生を、責任を持って実習校に送り出すことが必要である。各大学においては、これまでも、教育実習の履修に当たって、あらかじめ履修しておくべき科目を示すなどの取組が行われてきたが、今後は、履修に際して満たすべき到達目標をより明確に示すとともに、それに基づき、事前に学生の能力や適性、意欲等を適切に確認するな

ど、取組の一層の充実を図ることが必要である。

　また、必要に応じて補完的な指導を行うとともに、それにもかかわらず、十分な成果が見られない学生については、最終的に教育実習に出さないという対応も必要である。実習開始後に学生の教育実習に臨む姿勢や資質能力に問題が生じた場合には、課程認定大学は速やかに個別指導を行うことはもとより、実習の中止も含め、適切な対応に努めることが必要である。

●一般大学・学部については、できるだけ同一都道府県内をはじめとする近隣の学校において実習を行うこととし、いわゆる母校実習については、大学側の対応や評価の客観性の確保等の点で課題も指摘されることから、できるだけ避ける方向で、見直しを行うことが適当である。

　一方、学生が自らが教職に就くことを希望する出身地の学校で教育実習を行うことは、早い段階から地域の教育等を知る上で意義があることから、このような積極的な理由から、母校をはじめとする出身地の学校で実習を行う場合については、柔軟に対応することが適当である。ただし、このような場合でも、大学と実習校とが遠隔教育的な方法を工夫して連携指導を行うなど、大学が教育実習に関わる体制を構築するとともに、実習校側も適切な評価に努めることが必要である。

　教員養成系大学・学部については、附属学校における実習が基本となるが、一般の学校における実習も有意義であることから、各大学において、適切に検討することが必要である。

●教育実習を円滑かつ効果的に実施するため、各都道府県ごとに教員養成系大学・学部や教育委員会はもとより、一般大学・学部や公立私立学校、知事部局の代表等の幅広い関係者の参画を得て、教育実習連絡協議会を設置することが必要である。こうした関係機関の協議の場においては、実習内容や指導方法、実習生に求められる資質能力などについての共通理解を図るとともに、相互の適切な役割分担と連携協力により、各地域において実習生を円滑に受け入れていく具体的な仕組み（例えば、実習生の受入れに当たっての調整や、実習に係る人的・財政的措置等）について検討することが必要である。

1-2　実地視察での指摘事項
■1 実地視察での指摘事項：母校実習について

○　**母校実習を中心に実施しているが、すべての実習先に教員が訪問しており、丁寧な指導が行われていることが確認できた。**引き続き丁寧な指導を継続していただくとともに、近隣の教育委員会との良好な関係を活かし、将来的には地域の公立学校でも教育実習を実施できるよう、実習先を拡大することも検討願いたい。

○　**教育委員会と連携し、ほぼ全ての教育実習先（母校実習の場合も含む。）に担当指導教員が訪問指導を行うなど、丁寧な教育実習指導が行われている点は評価できる。**引き続き、地元教育委員会・学校と連携を進め、訪問指導を含め、適切な教育実習指導に努めていただきたい。

○　教育委員会と連携し、大学の近隣の学校を教育実習先として確保しているほか、**全ての教育実習先に担当指導教員が巡回指導を行うなど、丁寧な教育実習指導が行われている状況が確認された。**引き続き、地元教育委員会・学校と連携を進め、巡回指導を含め、適切な教育実習指導に努めていただきたい。

○　**多くは母校実習を行っているが、教育委員会と連携し、ほぼ全ての教育実習先に担当指導教員が巡回指導を行うなど、丁寧な教育実習指導が行われている状況が確認された。**引き続き、地元教育委員会・学校と連携を進め、巡回指導を含め、適切な教育実習指導に努めていただきたい。

○　教育実習は、大学による教育実習指導体制や評価の客観性の観点から、遠隔地の学校や学生の母校における実習ではなく、可能な限り大学が所在する近隣の学校において実習校を確保することが望ましい。今後、地元教育委員会や学校との連携を進め、近隣の学校における実習先の確保に努めていただきたい。なお、やむを得ず遠隔地の学校や学生の母校における実習を行う場合においても、実習先の学校と連携し、大学が教育実習に関わる体制を構築するとともに、学生への適切な指導、公正な評価が保証されるよう努めていただきたい。

○　母校実習については学生に対し適切な指導が行われており、今後も継続していただきたい。ただし、教育実習は、大学による教育実習指導体制や評価の客観性の観点から、遠隔地の学校や学生の母校における実習ではなく、可能な限り大学が所在する近隣の学校において実習校を確保することが望ましい。なお、やむを得ず遠隔地の学校や学生の母校における実習を行う場合においても、実習先の学校と連携し、大学が教育実習に関わる体制を構築するとともに、学生への適切な指導、公正な評価となるよう努めていただきたい。

○　教育実習は、大学による教育実習指導体制や評価の客観性の観点から、遠隔地の幼稚園や学生の母園における実習ではなく、可能な限り大学が所在する近隣の幼稚園において実習先を確保することが望ましいため、今後は、地元教育委員会や幼稚園との連携を進め、近隣の幼稚園における実習先の確保に努めていただきたい。なお、やむを得ず遠隔地の幼稚園や学生の母園における実習を行う場合においても、実習先の幼稚園と連携し、大学が教育実習に関わる体制を構築するとともに、学生への適切な指導、公正な評価となるよう努めていただきたい。

○　全般的に学生の母校において実習されている状況が確認された。教育実習は、大学による教育実習の指導体制や評価の客観性の観点から、遠隔地の学校や学生の母校における実習ではなく、可能な限り大学が所在する近隣の学校において実習校を確保することが望ましい。一定の地域において協力校を設けて、継続的に実習や教育見学を実施するなど、地域との協力関係を築き、実績を積み重ねていくよう、引き続き改善に努めていただきたい。

○　学生の母校における実習を優先することにより、教育実習における事前事後指導や事後指導後に行うべき教職実践演習の実施時期が流動的になっている状況が確認された。教育実習は、大学による教育実習指導体制や評価の客観性の観点から、学生の母校における実習ではなく、可能な限り大学が所在する近隣の学校において実習校を確保することが望ましい。また、教職課程の計画的な実施や指導教員の負担の観点からも、大学が教育実習に関わる体制を構築するとともに、地元教育委員会や学校との連携を進め、近隣の学校における実習先の確保に努めた上で、事前事後指導及び実習時期を統一するよう努めていただきたい。

2 実地視察での指摘事項：体験的授業等について

○　教育実習に向け1・2年次で「学校ふれあい体験」や「学校教育研修」といった授業科目を開講しており、学年進行に応じて教育現場に触れる機会を十分に設けており、学生が体験的理解を深めていることに寄与している。

○　教育実習のほか、プレ実習やボランティアサークルに参加する学生のために交通費の一部を補助する

など、学生が教育現場を多く経験できるための支援も充実している。

○　現場体験活動等を数多く取入れており、学生の実践経験は蓄積されているように見受けられた。ただ、**それぞれの実践経験が体系化していないため、学生が実践知を修得していないように見受けられた。**実践知となるようそれぞれの現場体験活動のねらいを明らかにするよう検討すること。あわせて、学内の授業で修得した理論知とのつながりを意識したカリキュラムとなるよう検討すること。

○　早い段階から保育所・幼稚園への体験学習や、インターンシップが行われており、教職の魅力や教員としての適性等を把握した上で、教員免許状の取得を目指すことは重要であることから、今後も学生に積極的に履修を推奨するとともに、地元の教育委員会・幼稚園等との連携・協働に努めていただきたい。

❸ 実地視察での指摘事項：単位数について

○　健康生活学部子ども学科の教育実習について、教育実習と事前事後指導を含めると、**1 単位あたりの法定時間数を超えるような取組がなされていた。**非常に熱意ある指導とも思われるものの、大学設置基準の法定時間数の観点から、授業内容を切り分け、超過分を別途単位化するなど、今後御検討いただきたい。

❹ 実地視察での指摘事項：受講資格について

○　教育実習の受講資格について、やや不明瞭な点が見受けられた。大学には、教育実習を行うにふさわしい知識技能を持った学生を送り出せるような受講資格を設定する必要があり、学生、保護者のみならず、実際に教育実習に送り出す各学校など、外部への説明責任もあることから、**全学で教育実習の受講資格について明確にしていただくよう**御検討いただきたい。

○　**教育実習の受講資格として定められていない科目が多数あるため、**条件を再考すること。

○　**小学校の教職課程において「教育相談」及び「図工科教育法演習」を教育実習の実施後に履修させるなど、履修時期に関する方針が趣旨に照らして適切とは言い難い授業科目が確認された。**「教職に関する科目」を体系的に学修できる履修カリキュラムとなるように努めて頂きたい。

○　**小学校の教職課程については、「各教科の指導法」のほとんどを履修し終えない状況で学生を教育実習に送り出しているように見受けられた。**指導案の書き方や実践的な指導法について、学生が十分に学んだ状態で教育実習に臨めるように、教育実習の事前に「各教科の指導法」を履修できるようなカリキュラムを再度検討すること。

❺ 実地視察での指摘事項：巡回指導について

○　巡回指導を行い、教育実習評価について学内で共有している点は評価できる。

○　巡回指導を担当している教員は、「教職に関する科目」を主に担当する教員のみに任されているように見受けられたが、教職課程は、「教科に関する科目」、「教職に関する科目」によって編成されるものであ

り、両科目を担当する教員が教職課程を運営していくことが重要である。**教育実習の指導を含め、全学的な組織の責任のもとに、「教科に関する科目」と「教職に関する科目」を担当する教員が、連携・協力して実施することを今後御検討いただきたい。**

○　遠隔地での実習についても、電話による指導ではなく、巡回指導を行うことが望まれる。

○　遠隔地での実習期間中、巡回指導が難しい場合であっても、インターネット等の通信的な手段を用いた実習生のメンタル的な部分などのフォローアップや、実習日誌による状況の確認・指導の実施、現地における貴学卒の学校教員のネットワークの活用など、目の届く指導を実施していただきたい。

○　実習中の中間報告会や実習を終えた学生へのフォローアップの実施、離島の教育実習先にて実習中の学生に対し、電話等で連絡を取り合ったり巡回指導を行ったりするなど、丁寧な教育実習指導が行われている状況が確認された。

６ 実地視察での指摘事項：事前・事後指導について

○　教育実習の反省会に 1 年生も参加させたり、卒業生に講演をおこなっていただいたりするなどの点は良い事例である。

○　学生の教育実習の様子を録画し事後指導において活用するなど、教育実習による学びが充実するよう取り組んでいる点は評価できる。

○　**教育実習の事後指導の回数が少ないため、実習の振り返りとして充実すること。**

○　実習中の指導、実習後の評価等を実習先に委ねず、大学が計画的、組織的に行うよう組織体制を整備すること。

○　**介護等体験の事前指導は、教育実習の事前及び事後の指導とは別に扱うようにすること。**

○　**成績評価等の基準について、学生を介して実習校に伝えているとのことだが、教育実習は大学の授業であるから、公正な評価が可能となるよう評価のしおり等により大学として説明を行うなど、責任ある教育実習指導体制の充実に努めること。**

７ 実地視察での指摘事項：その他

○　学生の経済的な負担軽減のため、**教育実習にかかる交通費等を補助している点は評価できる。**

2　④学生への教職指導の取組状況及び体制

2-1　教職指導についての規定の明文化
平成 18 年答申を受け、「免許法施行規則第 22 条の 4」に教職指導についての規定が明文化されました。

▼免許法施行規則

（学生に対する指導及び助言）

第22条の4 認定課程を有する大学は、学生が普通免許状に係る所要資格を得るために必要な科目の単位を修得するに当たつては、当該認定課程の全体を通じて当該学生に対する適切な指導及び助言を行うよう努めなければならない。

「「教職指導」の充実」について、答申では次のとおり謳われています。ここで提言されている内容や実地視察での指摘事項を参考に、自大学でも教職指導の充実に向けて取り組めるよう努力が求められます。

■ 平成18年答申：「教職指導」の充実－教職課程全体を通じたきめ細かい指導・助言・援助－

　学生が主体的に教員として必要な資質能力を統合・形成していくことができるよう、今後は、どの大学においても、教職指導の充実に努めることが必要である。法令上も、教職指導の実施を明確にすることが適当である。

　学生が教職課程の履修を円滑に行うことができるよう、入学時のガイダンスを工夫するとともに、履修期間中のアドバイス機能を充実することが必要である。

　同学年や異学年の関わりを通して相互に学習し合う集団学習の機会を充実するとともに、インターンシップや、子どもとの触れ合いの機会、現職教員との意見交換の機会等を積極的に提供することが必要である。

●教職指導は、学生が教職についての理解を深め、教職への適性について考察するとともに、各科目の履修等を通して、主体的に教員として必要な資質能力を統合・形成していくことができるよう、教職課程の全期間を通じて、課程認定大学が継続的・計画的に行う指導・助言・援助の総体、即ち教科と教職の有機的統合や、理論と実践の融合に向けての組織的な取組である。

●これまで、教職指導については、課程認定大学により取組に大きな差があったが、今後は、どの大学においても、学生の適性や履修履歴等に応じて、きめ細かい指導・助言・援助が行われるよう、教職指導の充実に努めることが必要である。このため、法令上も、教職課程全体を通じた教職指導の実施を明確にすることにより、各大学における積極的かつ計画的な取組を推進することが適当である。

●学生が教職に対する理解を深め、自らの適性を考察するとともに、その後の教職課程の履修を円滑に行うことができるようにするため、課程認定大学においては、入学時のガイダンスの際に、学生に対して、各大学が養成する教員像や教職課程の到達目標等を十分理解させるとともに、それを踏まえて履修計画を策定することができるよう、教職課程に関連する科目群を体系的に示すなどの工夫を行うことが必要である。

●また、学生が履修計画を策定するに当たっての支援・相談体制の充実を図るとともに、定期的に履修計画の実行状況を確認し、必要に応じて指導・助言・援助を行うなど、履修期間中のアドバイス機能を充実することが必要である。

●学生が、様々な角度から自己の特性や課題を自覚し、問題意識を持って主体的に教職課程の学習に取り組むことができるよう、同学年や異学年の関わりを通して相互に学習し合う集団学習の機会（例えば、合宿研修、実地調査、学習会等）を充実することが必要である。

●また、インターンシップなど学校現場を体験する機会や、学校外における子どもとの触れ合いの

機会、現職教員との意見交換の機会等を積極的に提供することが必要である。その場合、これらの活動の機会が、教職課程の全体を通じて、学生の学習状況や成長に応じて効果的に提供されるよう、留意することが必要である。特に、これらの活動が、単なる体験活動に終始しないよう、学生自身による体験活動記録の作成や、それを基にした討論を行うなど、省察的な活動を通して、質の高い学習が行われるよう工夫する必要がある。

●教職指導の具体的な内容、方法等については、これらの方向を基本としつつ、今後、課程認定大学等関係者を中心にして、教職指導のモデル例の検討が行われることが望まれる。

2-2　実地視察での指摘事項

■ 実地視察での指摘事項：教職指導

○　教職指導は、就職指導のみならず、学生が教職について理解を深め、教職への適正について考察するとともに、各科目の履修等を通して、主体的に教員として必要な資質能力を統合・形成していくことができるように、教職課程の全体を通じて、大学が計画的・組織的に指導する必要がある。このことを踏まえ、履修カルテを有効活用する仕組みについても、今後御検討いただきたい。

○　学生は、インターネット上の学生用のポータルサイトで全ての科目の「学習指導書」を閲覧しながら履修科目を登録することができるとの説明があったが、教職指導は、単なる履修指導にとどまらず、学生が教職について理解を深め、教職への適性について考察するとともに、各科目の履修等を通して、主体的に教員として必要な資質能力を統合・形成していくことができるように、教職課程の全期間を通じて大学が計画的・組織的に指導することが必要である。現在の相談スペースを充実させ、各キャンパスに教職支援センターのような教職指導を行う施設・体制を整えるなど、学生に対して、積極的に教職指導を実施できるように整備いただきたい。

○　教職課程の全般的事項を取りまとめている組織の名称が「教育実習運営委員会」となっており、教職課程全体を担当する組織としては名称が不適切であるため、名称変更を検討すること。教職課程の質の向上を図る観点から、**教育実習運営委員会の会議が年間３回では少ないと思われるため、開催頻度を増やし、議論を深めること。**

○　オリエンテーションの実施や、個別面談等で教職指導を実施している体制が確認されたが、現行の体制では、個々に教職指導は実施されているものの、履修関係であれば教務部が担当し、実習関係であれば実習指導部が担当するといったように、支援体制が統合されていない状況である。

○　平成21年度より設置している「教職教育センター」に、教職アドバイザーとして、学校教育現場を経験している教員２名及び専任事務職員３名、契約職員３名を配置し、随時相談可能な体制を構築するなど、きめ細やかな履修指導を行っていることが確認された。

○　教職支援室について、相談対応を行うことができる教員を常駐させ、関連書籍を配架する等、全学的な教職指導体制をより充実させていただきたい。

○　免許資格課程センターによる指導体制が整備されているように見受けられたが、他方で、免許資格課程センターのみが指導を行っているようにも見受けられた。今後、教職に関する全学組織を中心として、

免許資格課程センターと教職課程を置く各学科の教員が連携・協力して教職指導を行う仕組みを構築することを期待する。

○　全学組織である教職支援センターを中心に、履修指導などのガイダンス機能に加え、各科目の学修に関する個別支援、各学科教員との情報共有を踏まえた全学及び個別の履修ガイダンス、1年次から履修カルテを積極的に活用した指導・支援など、計画的、組織的な教職指導に取り組んでいる姿勢は評価できる。引き続き充実した教職指導に取り組んでいただきたい。

○　教職を目指す学生全てに対して、一定の水準以上の教職指導が実施されるように、指導教員による個別指導のみに頼るのではなく、体系的かつ組織的に指導していくための体制を検討いただきたい。

○　少人数の特性を活かし、個別面談を行う等、個々の教員が丁寧に指導している点は評価できる。一方で、学生への履修指導が個々の教員に依存しすぎており、教職に関心のある学生が、早い段階から教職について相談できるような環境や体制を、全学的に整備していただきたい。

○　**教職合宿**や教員採用試験対策講座など、教職を目指す学生に、より実践的な能力を身に付けさせる取組を行っていることについては評価できる。

○　教職課程専門委員会、教育実習等専門委員会、学校インターンシップ専門委員会等を組織し、きめ細かな教職指導に取り組んでいる姿勢は評価できる。

○　全学組織である教職課程推進室を中心に、履修指導などのガイダンス機能に加え、各学科の教職課程推進室担当教員による専門的相談、生活面も含めた日常相談、教科担当教員による授業外の実技指導など、計画的、組織的な教職指導に取り組んでいる姿勢は評価できる。今後は学生が各科目の履修等を通して、主体的に教員として必要な資質能力を統合・形成していくことができるように、履修カルテをより積極的に有効活用する仕組みについても、御検討いただきたい。

○　担任制による個別指導や、実習事務室に幼稚園教諭免許状及び保育士資格を有しているティーチング・アシスタントを常駐させ随時相談可能な体制を構築するなど、きめ細やかな履修指導を行っていることが確認された。

○　全学組織である教職センターに主任（専任教授職）として校長・教育委員会勤務経験者を置き、教職センターが中心となって全学向けガイダンスのみならず、定期相談会や随時の個別相談などを通じ、全学的な教職指導の質確保に努めていることが確認された。

○　教員採用試験一次試験合格者を対象として、大学ＯＢの現役校長による面接指導を行っているとのことだが、今後は、教職課程資料室に教職経験者を常駐させることなどにより、面談や模擬授業のアドバイス、教育実習指導などが随時行えるよう、教職指導体制の充実に努めていただきたい。

○　教職課程を有する2学科と全学組織である学生教職支援センターが連携し、数々の教員採用試験対策プログラムを実施するなど、組織的な教職指導の体制が構築されていることが確認された。

○ 教職を目指す学生全てに対して、一定の水準以上の教職指導が実施されるように、体系的かつ組織的に指導していくための体制を検討いただきたい。特に、教職を目指す学生の自主的な学びを醸成するため、1年次のできる限り早い段階から学生の4年間を見据えた教職指導が実施できるよう検討いただきたい。

○ 教科指導法の専任教員が配置されていないこともあって、指導案作成等の指導法に関する内容が薄い印象である。担当の非常勤教員との連携強化に努めていただきたい。

○ 現在、履修カルテの確認を学生2,000人に対して教員30人で行っているとの説明があったが、スタッフの人数が足りていないように見受けられる。一部の限られた教員が、教職課程に関わるのではなく、広い範囲の教員が教職課程に関わるような、全学的な協力体制を構築することを期待する。

○ 教職教育研究センターにおいて、**教育実習生の指導案を過去30年分保管**しているなど、学生への指導体制を整備しようとする努力が見受けられた。今後、教職を目指す学生への指導体制がより一層充実されることを期待する。

○ **配慮が必要な学生が円滑に実習を実施できるよう丁寧に対応している**点は評価できる。

○ 入学試験に教職に関する小論文を課し、教員志望度の高い学生を入学させる取組や、教員就職特任指導員を活用した手厚い指導体制等が評価できる。

○ 卒業後の学生のフォローや追跡調査等について今後検討していただきたい。

○ チューター制度及び履修カルテの電子化により、網目の細かい履修指導を行っていることが確認できた。

○ チューター制度及び少人数教育を活用し、一人一人の学生に丁寧に指導している状況が確認できた。

○ 「教職チューター教員」制を導入し、教職を志す学生に対して、面談・相談を行うなどの手厚い支援や丁寧な教職指導をされていることは高く評価できる。このような取組みにより、教職を目指す学生全員に対して一定の水準以上の教職指導が実施されるように、体系的かつ組織的に指導を行うための体制を御検討いただきたい。

○ 就職全般にかかる就職支援室はあるものの、教員採用試験の情報や教員採用に関連する書籍等を学生が自由に活用できるような、教員就職に特化したスペースが整えられていることが望ましい。また、ボランティアの情報もあわせて集積して掲示するなど、教職を目指す学生の利便性に配慮し、御検討いただきたい。

○ 今後は、教員免許状の取得に係る学生便覧の記載を、より学生にわかりやすいものとなるよう工夫していただきたい。

○ **保育・指導資料室において、教育実習に実際に行った学生の直筆の報告書が実習先ごとにファイリングされ、在学生が閲覧でき、参考にできる環境が整っている**上、学習指導案等においても同様の取組を

取り入れることを検討していることは、特筆すべき取組であるといえる。学生が参考に閲覧できるというだけではなく、教員が学生を指導する上での手段として活かされるよう、引き続き工夫していただきたい。

❷ 実地視察での指摘事項：履修カルテ

○　履修カルテについて、ルーブリックの導入や指標の具体化など、学生が自分自身の強みや弱みに気づき、今後の課題がより明確になるよう、一層の充実に努めていただきたい。

○　履修カルテについて、学生自身が自分の強みや弱みが分かるような科目ごとの振り返りが少ないように見受けられた。学生との相談がより円滑になるよう、電子化も含めた履修カルテの在り方を引き続き検討していただきたい。

○　履修カルテの導入が２年次と遅い時期になっていることが確認された。教職指導は、履修指導のみならず、学生が教職について理解を深め、教職への適性について考察するとともに、各授業科目の履修等を通して、主体的に教員として必要な資質能力を統合・形成していくことができるように、教職課程の全期間を通じて、大学が計画的・組織的に指導することが必要である。このため、履修カルテは、入学時から有効活用するように改善すること。また、入学から卒業までの間、担任持ち上がり制を採っているとの説明があったが、履修カルテを担任教員が管理・随時確認するなど、履修カルテの有効活用を含め、教職指導体制の充実に努めていただきたい。

○　履修カルテとして位置づけられている「履修ファイル」について、到達目標と教職課程における各科目や教職指導等との関係が明確でなく、学生が教職課程の履修や教職指導等を通じて、教員として必要な資質能力をどのように身に付けることができたかどうかを十分に確認できるものとなっているとは言いがたい。今後、学生が、教職課程の履修等によって、身につけた知識等を確実に把握し、その結果に基づき、適切な教職指導を受けることができるようなものとなるよう、「履修ファイル」の内容の検証と改善に努めること。

○　教職課程ポートフォリオやルーブリックを整備・運用している点は評価できる。

○　履修カルテの本来の導入の趣旨を鑑み、記入時期等を再考いただき、履修指導に生かしていただきたい。

○　教職を目指す学生全てに対して、一定の水準以上の教職指導が実施されるように、体系的かつ組織的に指導していくための体制を検討いただきたい。特に、教職を目指す学生の自主的な学びを醸成するため、１年次のできる限り早い段階から、履修カルテを作成するなど、学生の４年間を見据えた教職指導が実施できるよう検討いただきたい。

○　履修カルテへの記載内容の個人差が大きく、科目で学んだことを省察し自分のものとして修得できていない学生がいるように見受けられた。履修カルテは、入学の段階からそれぞれの学生の学習内容、理解度を把握するとともに、学生個別に補完的指導を行うためのものであるため、科目での学びが最大限効果を発揮できるよう、履修カルテを活用していただきたい。

○ 全学組織である教職センターを中心に、早期からの教職ガイダンスを通した意識付けや、履修カルテを有効活用しながら教務部その他の関係部署と連携して個別面談を行うなど、きめ細かな教職指導に取り組んでいる姿勢は評価できる。今後は学生が各科目の履修等を通して、主体的に教員として必要な資質能力を統合・形成していくことができるように、全学的な履修カルテの有効活用を含め、継続して取り組んでいただきたい。

○ 定期的に個人面談を行い、教職を目指す全学生に対してきめ細かな教職指導に取り組んでいることは評価できる。今後、更に組織的かつ体系的な指導を進めるため、例えば履修カルテについて、教職担当教員のみでなく各専攻の指導教員等とも共有して指導に活用するなど、連携して学生への教職指導や支援に努めていただきたい。

❸ 実地視察での指摘事項：学習スペース・実習施設

○ 「教育学部ラーニング・ラボ」では教員採用試験に向けた面接や論文の指導だけでなく、通常の授業科目における相談やサポートなど４年間を通じて学生の支援を行っている。また、「教職アカデミー」等を開講しており、学生の学力向上に寄与している。

○ 実習サポートルームについて、学生がより活用しやすいように、データの管理体制や指導教員の常駐等について検討することが望ましい。

○ ピアノや模擬授業の練習ができるよう、音楽室や理科室を放課後に開放することで、学生の自己研鑽を促している。

○ 教職教育センターに教職教育センター共同研究・実習室や教職教育センターコモンズを設置し、デジタル教科書の活用方法など、校長経験者等の教職指導員による学生への実践的かつきめ細やかな指導が行われている点について、評価できる。

○ こらぽ（教職キャリアセンターICT活用等普及推進統括部門により開設）を拠点とし、学生への支援及びICT機器の貸出についても十分対応されている。

❹ 実地視察での指摘事項：その他

○ 学生に指導ができるよう実務家教員にもICTに関する指導を行っている点は評価できる。

3 ⑤教育委員会等の関係機関との連携・協働状況（学校支援ボランティア活動等の活動状況）

3-1 学外関係機関と連携・協力できているか

教職課程の自己点検・評価及び全学的に教職課程を実施する組織に関するガイドラインにおいて、自己点検・評価の観点として、教育委員会や各学校法人との連携・交流等の状況、教育実習等を実施する学校との連携・協力の状況という項目があります。これらの項目では「教員の採用を担う教育委員会や各学校法人と適切に連携・交流を図り、地域の教育課題や教員育成指標を踏まえた教育課程の充実や、学生への指導の充実につなげることができているか 等」、「教育実習を実施する学校と適切に連携・協

力を図り、実習の適切な実施につなげることができているか、学校体験活動や学習指導員としての活動など学校現場での体験活動を行う機会を積極的に提供できているか 等」という自己点検・評価の観点も例示されています。学外関係機関と連携できているかどうかも重要な評価項目となっているのです。

3-2　実地視察での指摘事項

❶ 実地視察での指摘事項：教育委員会等の関係機関との連携・協働状況について

○　教育委員会等と教育実習等連絡協議会で意見交換を行っており、教育実習や学校体験活動に関する要望を把握している。その要望を踏まえ学生指導の参考にするなど、改善を図っていることが確認できた。

○　教育委員会及び公立幼稚園の園長や会長と教育実習の内容等についてより協議の場を設けており、教育委員会等と協働していることが分かった。

○　教育委員会とは、教育実習をはじめ、学校インターンシップ等を通じ、積極的な交流が行われていることが確認できた。

○　教育委員会との人事交流や意見交換を行う機会が多く、教育委員会との連携が綿密に行われていた。学内の取組である「ちゃぶ台プログラム」が山口県教育委員会も広報しており、非常に強い連携が見受けられた。

○　教職に関する授業科目において、富山県教育委員会から現職教員を招聘し、講義や演習指導を行っている点が確認された。

❷ 実地視察での指摘事項：学校現場体験・学校支援ボランティア活動等の取組状況について

○　全学組織であるボランティア・市民活動支援センターを中心に、地域の教育委員会や首長部局と連携し、地域の学校ボランティアをはじめとした各種学習支援の取組に学生を積極的に参加させている姿勢は評価できる。教職に関心のある学生が、早い段階から学校におけるボランティア活動等を通じて、教職の魅力や教員としての適性等を把握した上で、教員免許状の取得を目指すことは重要であることから、今後も地元教育委員会・学校との連携・協働に努めていただきたい。

○　プレ実習やボランティアサークルを通じて地域のボランティア活動に積極的に取り組んでいる点は評価できる。

○　高崎市立高崎経済大学附属高等学校にて「教員志望学生の学校現場体験事業」を実施したり、大学が窓口を設けて近隣自治体の小中学校へのボランティア活動を奨励したりするなど、学生が教育実習以外にも学校現場等での体験機会を得ることができる取組を行っていることは評価できる。教職に関心のある学生が、早い段階から学校におけるボランティア活動等を通じて、教職の魅力や教員としての適性等を把握した上で、教員免許状の取得を目指すことは重要であることから、今後も地元教育委員会・学校とのより一層の連携・協働に努めていただきたい。

○　「スチューデント・インターンシップ」及び学習支援ボランティアは有効な取組みであると評価できる。

学生が学校現場を体験するだけでなく、現場の教員と連携することにより、充実した機会として活用してほしい。

○　学校インターンシップ等の実施にあたり、近隣の教育委員会との連携体制が構築されていることが確認できた。

○　地域の教育委員会と連携し、教育委員会主催の学校ボランティアに学生を積極的に参加させている姿勢は評価できる。教職に関心のある学生が、早い段階から学校におけるボランティア活動等を通じて、教職の魅力や教員としての適性等を把握した上で、教員免許状の取得を目指すことは重要であることから、今後も教職課程履修者に積極的に履修を推奨するなど、地元教育委員会・学校との連携・協働に努めていただきたい。

○　宮城県及び仙台市の教員育成協議会への参加、学校支援をはじめとした多様なボランティア活動への積極的な取組、教育委員会主催研修への学生の参加奨励など、教育委員会と一体となって地域における教員養成に取り組んでいる姿勢は評価できる。今後は、幼稚園教諭の養成における教育委員会等との連携についても、更に検討を進めていただきたい。

○　特に教育学科においては、2年次以降、毎週1回学校に赴き、学校の求めに応じて必要とされる種々の教育活動に従事する科目を設け、2年次から4年次まで再履修可能とするなど、早い段階から教職の魅力や教師としての適性等を把握しうるよう工夫していることが確認された。

○　学校支援をはじめとした多様なボランティア活動、教育委員会主催の養成塾・セミナーへの学生の参加奨励、往還型実習等、教育委員会と一体となって地域における教員養成に取り組んでいる姿勢は評価できるものの、学生への啓発や参加を促す仕組みについても検討いただきたい。

○　1年次生の段階においても、「教師のお仕事入門」として学校現場を訪問するプログラムを設けるなど、学生が早い段階から教職に興味や見通しが持てるよう、組織的に取り組んでいる状況が確認された。

○　大阪府教育委員会を始めとした、19教育委員会及び4団体と協定を結んでおり、教育委員会における研修会講師や評議会委員としての教員の派遣や市民講座の提供、学生ボランティアの派遣、学校における夏休みの補習授業に学生を派遣するなど、関係機関と非常に良好な関係を築いていることが確認された。

○　教育委員会が公募している学校ボランティア等の情報が、廊下や研究室の掲示板に掲示されていたが、それぞれ違う情報が別々に掲示されており、情報が分散している状況が確認された。今後、学生がボランティア等の情報を入手しやすいように掲示方法を工夫するとともに、学生がどのようなボランティアを経験しているのかについて、大学として把握する仕組みを整備することを御検討いただきたい。

○　1年次の授業科目において、ボランティアとして教育現場（幼稚園、小学校等）を体験する機会を設けている点は評価できる。

4　⑥施設・設備 (図書を含む。) の状況

4-1　教職課程開設にあたっての必要な諸施設、設備及び図書等についての規定

▼認定基準
11　施設・設備等
　認定を受けようとする課程の免許状の種類に応じて、教科及び教科の指導法に関する科目、領域及び保育内容の指導法に関する科目、「教育の基礎的理解に関する科目等」、特別支援教育に関する科目、養護に関する科目、栄養に係る教育に関する科目についての教育研究に必要な諸施設、設備及び図書等について、それぞれ十分に備えられていなければならない。

◆手引き別冊 Q & A　（No.89）
Q　施設・設備について、教職課程認定基準において「…十分に備えられていなければならない」とあるが、施設数、図書の冊数等に基準があるのか。
A　明確な数的基準はないが、カリキュラムや学生数なども踏まえて、十分な環境となっているかどうかを適切に判断すること。特に小学校教諭の教職課程においては、理科実験室や体育施設等、開設する授業科目に応じて備えておくべき施設・設備が幾つか考えられる。学外の施設の利用も可能であるが、学外の施設を利用する場合には、授業開講スケジュールも勘案し、実質的に活用できるかどうかを検討の上、利用計画を立てること。

　教職課程開設にあたっての必要な諸施設、設備及び図書等についての規定は上記の「11」しかなく、Q & A についても上記の 1 つしかありません。過去の教職課程認定大学実地視察報告書を参考にしましょう。報告書の指摘事項からどういった施設・設備・図書が必要であるのかをうかがうことができます。

4-2　実地視察での指摘事項
1 実地視察での指摘事項：施設・設備について
　ア．指導施設について

○　**教職の就職関連資料及び雑誌などを集約し、教職指導を行うことを可能とする専用の部屋の設置を検討いただきたい。**

○　**教職支援室のような教職課程に在籍している学生が利用しやすい施設・スペースを設けること。**

○　資格支援室については、**学生からの個別相談にも対応できるよう、設備の整備や人的配置を含めた、その充実について御検討いただきたい。**

○　教職課程推進室を中心に全学指導体制を整えていることは評価されるが、**推進室が狭く、立地上の理由などから、学生が利用しづらい状況となっている**ため、より実効性のある組織となるよう整えていただきたい。

○　教職課程センターの場所が教員の研究室に近いところにあるため、学生にとっては利便性が低いよう

に思われる。センターの利用率増加のため、**学生の動線に沿った場所に置くことを**検討いただきたい。

○　図書館における教科書の充実や、**模擬授業や指導案の作成などで学生が独自に学び合う場の整備**など、教職に関する環境のより一層の充実を期待する。

イ．模擬授業・模擬保育について

○　**模擬授業室、被服室、自習室としての教室開放など各種実習・自習施設が整備され、幼稚園及び小学校の教員養成のために必要な施設が充実している**状況が確認された。

○　**模擬保育室が設けられており、教育現場に近い環境で模擬授業の演習ができるよう整備されている**点は評価できる。

○　教職支援センターが運営する「模擬授業教室」に教科書を整備するなど、**学生の自主的な学習環境の充実についても今後整備することを期待する。**

○　**模擬授業や理科の模擬実験のためのより適切な部屋を整備していただきたい。**

○　**ビデオカメラや映像機器を備えた模擬授業教室を完備**するなど、教員養成のために必要な施設は十分に備えられている。今後は、現在備えている施設をより効果的に活用するための工夫を検討し、より一層の有効活用に努めていただきたい。

○　**教職関連雑誌を配架している教職課程資料室などにおいて、学校現場と同等の環境下により、模擬授業が実施できる環境の整備が望まれる。**

○　幼稚園の教職課程においては、**実際の幼稚園の教室を模した「バーチャル保育室」や学習アドバイザー、絵本などの教材を備えた「自習室」が整備されており、**学生が自主的に活動している様子も確認された。

○　鑑賞教育にも力を入れた造形室、実験器具などが整然と並んでいる理科実験室、教具や紙芝居などが置かれた、**実際の幼稚園の環境に似せたプレイルーム（模擬保育室）**など、**充実した状況が見られた。**今後はこのような恵まれた施設・設備に、地域の子どもを招く機会を作るなどして、学生が実際指導する機会を作るなど、より実質的に活用していただきたい。

ウ．幼小教員養成施設・設備について

○　**幼稚園及び小学校の教員養成のために必要な施設が充分に備えられているとは言い難い。**例えば、理科室の設置や、音楽・図工関係の教材・設備の充実を図り、教職を志す学生が実験や様々な教材を使った教科指導を受けるにあたり、安全面に配慮し、教材研究や模擬授業が充実した環境で実施できるよう、今後整備・充実に努めていただきたい。

○　**幼稚園及び小学校の教員養成のために必要な施設が充分に備えられているとは言い難い。**（例えば、**体育館が大学と短期大学で共同利用となっている**等。）既存の施設も有効活用しつつ、教職を志す学生が十

分な指導を受けることができるよう、整備も含めた運用方法の検討を引き続き行っていただきたい。

○　小学校教諭に必要な技能の一つとして、理科教育における実験指導が挙げられることから、理科室を有効活用し、小学校教諭免許状を取得する**全ての学生が実験実技を含めた教科指導を受けることができるようになること**を期待する。

○　**小学校教諭の免許状の課程を置きながら、理科室に十分な設備は配備されておらず、効果的な理科の実験及び実習が実施できる環境となっていない**ことから、速やかに施設・設備を改善し、小学校教員として必要な理科に関する知識及び技能を確実に担保できるような指導体制を整えること。

○　**幼稚園教員や小学校教員の養成を行なっておきながら、理科室や調理室が整備されていなかった。**小学校教員は、全教科を担任することも踏まえ、教員養成の段階で、最低限の知識及び技能が担保されるよう、理科室及び調理室を整備すること。

○　小学校の教員養成のために必要な施設が大学に十分に備えられているとは言い難い。例えば、**理科室が備えられておらず、近年重要視されている小学校の理科教育における実験等について、学生が十分に学修できているとは確認できなかった。**理科の実習ができるような施設を新たに整備することや、既存の施設を有効活用するなどして、学生が実験等について必要な知識・技能を身につけられるように施設の整備に努めていただきたい。

○　幼稚園及び小学校の教員養成のために必要な施設が十分に備えられているとは言い難い。例えば、**ピアノ練習室の設備はなく、学生が利用できるピアノの数も少なく、小学校の理科のための実験用具の整備も不十分**な状況が確認された。教職を志す学生が実技を含めた教科指導を受けることができるように、今後施設・設備を整備し、充実した指導に努めていただきたい。

○　幼稚園及び小学校の教員養成のために必要な施設が十分に備えられているとは言い難い。例えば、音楽で言えば、**電子ピアノの数が定員に比して少なかったり、家庭科室、理科室が整備されていなかったり**する状況が確認された。既存の施設も有効活用しつつ、教職を志す学生が実技を含めた教科指導を受けることができるように、今後整備に努めていただきたい。

○　理科の実験室などについて、施設として備えられているだけでなく、日々活用されている様子が感じられた。

○　学生の将来の学校現場での活動に資するため、**理科室や家庭科室等の備品・物品等がよく整理整頓されており、学校における安全への配慮等、きめ細かな指導の工夫が見られた。**

○　ピアノレッスン室の数も多く、**理科室においては電子黒板を設置する等 ICT 教育を意識した設備を完備**されており、施設の充実は確認された。

○　**学生が中学校及び高校の教科書に掲載している実験を模擬授業の演習で行えるよう、理科教育実習室の備品・物品等の設備が充実している**点は評価できる。

エ．ICT について

○ ICT に関する取り扱いが学内で進んでいるか判然としなかった。ICT を活用した授業の充実を検討することが望ましい。学生が将来 ICT を活用して授業ができるよう、例えばデジタル教科書等の活用も検討すること。

○ ICT 活用について、学生が教員になった際に児童生徒に ICT 活用を促せるような教育課程及び施設・設備の一層の充実に努めていただきたい。

○ 教職課程の科目に係る基本的な施設について、整備・充実している状況が確認された。引き続き、今後の教育方法の更なる充実のため、ICT 環境等の整備充実に計画的に取り組んでいただきたい。

○ ICT 活用について、デジタル教科書の授業内での活用も含めて対応していることが確認できた。今後もさらなる充実に努めていただきたい。

オ．学習施設について

○ 図書館の閲覧スペース・学習スペースをラーニングコモンズのように活用できるよう整備されており、また、絵本コーナーを設置するなどの工夫が見られた。教職関連図書・雑誌については、教職を志す学生が、教育に関する最新の情報を入手することができるよう引き続き図書環境の充実に努めていただきたい。

○ 教員を志す学生のための専用の学習室を整備し、卒業生の教育実習の記録や指導案を蓄積するなどの工夫が行われている。

○ 個人用・グループ用のブース等、各施設について大変充実しており、学生が積極的に活用している状況が確認された。これらの充実した設備を教職課程においても活用できるよう、御検討いただきたい。

○ 図書館、教職支援センター、学生ラウンジ等、学生が授業以外で利用可能な施設が充実していることはもとより、学生が教職について自主的に集まり学習又は議論等をすることが可能な環境が十分に整備されている。

○ ラーニングコモンズ等、学生が協同してグループディスカッションを行えるような環境が整備されていることが確認された。今後、より一層の施設の充実に努めていただきたい。

○ 図書館については、非常に明るく開放的であり、打合せ用の部屋も設置されており、学生が利用しやすい環境が整っていることが確認できた。

カ．その他施設・設備

○ 造形室にて、美術教育に特化した可動式美術机を有するなど、設備の充実に努めていた。引き続き、設備の充実に努めていただきたい。

❷ 実地視察での指摘事項：図書について
　ア．図書の配架場所について

○　図書については、教育関連の図書や雑誌が不足しているように見受けられた。**最新の教職関連図書については、各教員の部屋だけに配架するのではなく、教職を志す学生が図書館でも教育に関する必要な知識・最新の情報が入手できるように今後充実に努めていただきたい。**

○　教職関連図書について、**図書館と教員個人の研究室に分散して配架されている**状況が確認された。今後、**教職支援センターのような施設を設置して一括管理するなど、学生にとって利用しやすい環境の整備がなされることを期待する。**また、国語・英語・美術の教科に関する専門的な図書・雑誌等が十分に整備されているとは認められないため、今後充実に努めていただきたい。

○　学習指導要領、教科書のほか、教職関連の雑誌等が、**教職課程室や教育学研究室、教育学生研究室等に分散して配置されており、最新の資料は図書館よりも研究室に置いている**とのことであったが、学生がそれぞれの資料を有機的に活用出来るように、効果的な配置を検討すること。

○　教職関連の図書・雑誌等が、**附属図書館、人間社会科学科教育科学コース図書室、各教員の研究室等に分散して配架されており、最新の資料は図書館よりも研究室に置いてある**との説明があったが、学生がそれぞれの資料を活用しやすいように、教職関連の図書をまとめて配架するなど、今後配架についても御検討いただきたい。

○　教科書類や教職又は教科に関連する図書・雑誌等が、**図書館、教職支援センター、各学部学科の研究室等に分散して所蔵されている。**教職を志す学生が、教職に係る最新の情報を簡便に入手することができるよう、配置の工夫や内容の充実に努めること。

○　教職課程を履修する学生が教育に関する最新の情報を入手することができるように、教科書や学習指導要領・同解説、教職関連の雑誌や教科に関する科目の専門書等について、今後より一層の充実に努めていただきたい。また、教職関連の図書は、**学生が学習指導案の作成や仲間との議論、模擬授業等に利用できるように、図書館だけでなく、教職支援室にも配置することを期待する。**

○　教職関連の図書は、**図書館だけでなく教職課程関連施設やスペースにも準備し、教員を目指す学生が指導案作成や仲間との議論、模擬授業等に利用できるような配置をすること。**

　イ．教科書について

○　教職課程センターに保管されている図書について、**特定の出版社の教科書しか用意されていない教科が見られた。学生が教科書会社による違い等を比較することができるよう、複数の出版社の教科書を用意することが望ましい**ため、更なる充実を検討願いたい。

○　図書については、教育雑誌は整備されているものの、学習指導要領解説、**複数社の教科書や教師用指導書、教職関係図書**などについては十分に整備されているとは言い難いため、最新の関係図書を含めた選書の体制について再検討いただきたい。

○　**一部の学校種（及び教科）の教科書しか備えられていない**など、教育関連の図書や雑誌が十分に整備されているとは言い難い。教職を志す学生が必要な知識・最新の情報を入手できるように、今後、教職関連の図書及び雑誌の充実に努めていただきたい。

○　学習指導要領及び**教科書が一部の学校種（及び教科）のものしか備えられていない**など、教育関連の図書や雑誌が充実しているようには見受けられなかった。教職を志す学生が必要な知識・最新の情報を入手することができるように、今後、教職関連の図書及び雑誌の充実に努めていただきたい。

○　図書館については、設備・図書ともに、全般的に充実しており、環境は良く整備されているように見受けられた。特に、「**教科書コレクション室**」を設置するなど、教職関連図書の分類、質、量ともに大変充実していた。

○　教職関連の図書について、蔵書数が極めて少なく、また、配架場所も分かりにくく十分に整備されているとは言い難い。**授業で取り扱う教科書及び参考書を優先して購入し、学生の手に取りやすい場所に配架する**など、教職課程委員会と図書委員会などが連携して、計画的な整備・充実に取り組むこと。

ウ．幼保連携型認定こども園関連書籍について

○　図書については、子ども・子育て支援新制度に伴って、**幼保連携型認定こども園関連書籍も含めた新刊**や、学習指導要領の充実を図っていただきたい。

○　図書については、子ども・子育て支援新制度に伴って、**幼保連携型認定こども園関連書籍も含めた新刊**の充実を図っていただきたい。

○　図書については、両キャンパスにおいて、多種多様な教科書、学習指導要領等の配架や、子ども・子育て支援新制度に伴って、**幼保連携型認定こども園関連書籍も含めた新刊**の充実を図っていただきたい。

エ．教科専門の図書について

○　蔵書について、指導法に関する図書は多数見られたが、**教科専門に関する図書の充実**を検討すること。

○　**小学校の教科に関する専門的事項に係る図書が非常に少ない**ため、充実を検討していただきたい。その際、教職課程の観点から質的充実も図ること。

オ．図書全般の充実について

○　教育学関係図書に加え、**最新の学習指導要領や同解説、教科書、教育関連雑誌や絵本、紙芝居が配架される**など、教職関連図書・雑誌について充実している状況が確認された。教職を志す学生が、教育に関する最新の情報を入手することができるように、引き続き図書環境の充実に努めていただきたい。

○　図書については、教職科目に関する図書が少なく、十分に整備されているとは言い難いため、**最新の学習指導要領や中・高等学校の教科書のほか、教育学に関する最新の書籍を収集する**など充実に努めて

いただきたい。

○　**図書館の入り口付近に絵本や児童書を配架し、学生の利用頻度の高い図書を複数冊備えている**など、学生の視点に立った図書環境が整備されていると言える。今後は、視聴覚教材などについても整備することを期待する。

○　学生や授業担当教員に必要な図書を得られる場所とするため、**少なくともシラバスに掲載している図書については教職系、専門系を問わずひととおり揃えられるよう**、図書館における選書のシステムを充実させていただきたい。

○　図書室について、絵本等は多くあったが、**幼児教育の基盤となる教育学や幼児教育段階以降の教育を見据えた内容を学ぶことが出来るような図書が少ない**ように見受けられた。教育関連の雑誌や図書について、教職を志す学生が必要な知識・情報を入手できるよう、今後充実を図ること。

○　図書については、十分に整備されているとは言い難いため、**教科及び教職に関する月刊誌の充実**や、教科指導を充実させるという観点から**大阪府の教科書センターを参考とした教科書の整備**など、計画的な整備に努めていただきたい。

○　専門書や雑誌については、充実しているが、**教育方法や現代的課題に関する最新の文献の充実**を図り、教職を志す学生が、教育に関する最新の情報を入手することができるように、引き続き図書環境の充実に努めていただきたい。

○　**防災教育など、教育に関する最新動向に感度高く向き合い、これを取り扱う書籍及び雑誌等を充実**させるとともに、学生が利用しやすい場所へ配架するなど、図書館環境の充実に努めていただきたい。

○　**学習指導要領の本体を、学生が閲覧できる箇所に配架**していただきたい。

○　図書館の一層の充実のため、**図書のための予算の拡充を検討すること**。特に、幼児教育関連だけでなく教職関連全般の図書の充実を図ること。

5　⑦その他特記事項

5-1　その他特記事項に多い記述

　この項目では、主に法令や認定基準違反についての記述が多くみられます。特に教育課程の変更届の提出漏れ、認定基準に満たない教員配置、情報の公表がなされていないといった内容が占めています。
　他学科受講については、4頁でも説明したとおり、課程認定を受けている科目の単位を修得することができれば、所属学科等にかかわらず、他学科にて認定を受けている免許状を取得することは可能です。しかし、他学科で認定を受けている課程が自学科にあるかのような記載や広報、入学すれば取得が可能となどと組織的に受講をうながす広報は、課程認定制度の趣旨から問題があると指摘されています。

5-2　実地視察での指摘事項

❶実地視察での指摘事項：法令・認定基準違反について

　ア．変更届提出漏れ・単位不足について

○　教育職員免許法施行規則第21条第2項に定めるとおり、教職課程の認定を受けた大学の設置者は、その教育課程を変更しようとするときは、あらかじめ文部科学大臣へ届け出る必要がある。しかしながら、**長期間に渡って変更届の提出がされていない課程があることが**確認された。法令違反の状態となることのないよう適切な手続きを行うとともに、手続面も含め教職課程を点検する全学的な組織及び体制を充実し、継続するよう努めていただきたい。

○　教育職員免許法施行規則第21条第2項に定めるとおり、教職課程の認定を受けた大学の設置者は、その教育課程を変更しようとするときは、あらかじめ文部科学大臣へ届け出る必要がある。しかしながら、**長期間に渡って変更届の提出がされていない課程が複数あること、提出済の変更届において記入誤りが多くあることが**確認された。法令違反の状態となることのないよう適切な手続きを行うとともに、教職課程を点検する全学的な組織及び体制の構築に努めていただきたい。

○　教職課程は教員免許状という資格を取得させる課程であり、個別の授業科目が教員養成部会によって審査された上で文部科学大臣による認定を受けていることから、教育課程等の変更等にあたっては、法令に定める手続きに則り、あらかじめ文部科学大臣への届出を行うこと。

○　**調査票や変更届等における書類作成の不備などが著しく、法令で義務付けられている内容が適切に実施されているかどうかの確認が困難を極めるなど、国民から教員養成を委ねられた大学としての姿勢が根本から問われざるを得ない。**申請書、変更届、学力に関する証明書の作成、シラバスの確認等について、総括的に把握し教員養成を支える事務組織を確立し、高度専門職としての教員養成にふさわしい充実した組織・体制となるように全力で取り組んでいただきたい。

○　過去の変更届において、教職課程認定基準に定める必要専任教員数を満たしていない時期があったことを確認したため、教員配置及び教員組織の在り方について十分に留意した上で、計画的な教職課程の運営に取り組んでいただきたい。

○　平成30年度入学生に適用する教職課程について、**教職課程の変更を行った結果、教育職員免許法に定める最低修得単位数を満たす科目が開設されていない状況となっていたことが**確認された。法令違反の状態となることのないよう適切な手続きを行うとともに、教職課程を点検する全学的な組織及び体制の構築に努めていただきたい。

○　教員組織について、**平成23年の教職課程認定時に配置されていた専任教員が、現在は配置されておらず、同教員が担当していた授業科目についての開設が、学生便覧からは確認できなかった。**やむを得ない理由により、認定を受けた教員がその担当授業科目を担当できなくなった場合は、教職課程認定申請時の指摘事項等を踏まえつつ、それらの授業科目を担当できる業績のある別の教員を課程認定大学の責任のもとに配置し、免許状取得に必要な授業科目が開設されるように措置すると同時に、文部科学省に変更届を提出すること。

○　**過去の誤った教職課程の運用や事務手続等を踏まえ、担当する教職員の関係法令等の遵守を徹底**するとともに、教職課程を点検する全学的な組織及び体制を充実し、継続するよう努めていただきたい。

イ．情報の公表について

○　認定課程を有する大学は、教育職員免許法施行規則第 22 条の 6 に規定する情報を公表しなければならない。未公表の情報について速やかに公表いただきたい。

○　教員養成状況の公表について、「教員の養成に係る教育の質の向上に係る取り組みに関すること」については公表されていないが、当該項目は、教育職員免許法施行規則第 22 条の 6 第 1 項第 6 号において公表が義務づけられているため、速やかに是正すること。

○　教員養成状況の公表について、「教員の養成に係る授業科目、授業科目ごとの授業の方法及び内容並びに年間の授業計画に関すること。」「卒業者の教員への就職の状況に関すること。」については、大学院の教職課程の情報が公表されていないが、当該項目は、教育職員免許法施行規則第 22 条の 6 第 1 項において公表が義務づけられているため、速やかに是正すること。

ウ．認定基準違反について

○　通信教育部の教員養成に関する**教育課程及び教員組織については、重大な教職課程認定基準違反が見受けられた**ため、制度を理解の上、速やかに是正すること。また、1,500 人以上の学生に免許を授与している教職課程であることの責任を強く受け止め、教職課程の質の担保に努めていただきたい。

○　通信教育部については、**学生数に対して専任教員が非常に不足しており、必要な教育体制が整えられていない上に、専門学校との連携による併修の授業に関して、連携している専門学校や担当教員が明確でないなど、質の担保について極めて疑問がある。**必要専任教員数を確保し、場合によっては入学者定員を削減するなど、教職課程認定基準を遵守し、教育の質が担保されるように早急に改善すること。

○　電子光工学科及びグローバルシステムデザイン学科の教職課程の「教科に関する科目」の必要専任教員について、適切に配置されていない状況が確認されたため、教職課程認定基準に定める必要専任教員を配置するなど、速やかに是正すること。

○　認定を受けようとする課程の担当教員のうち専任教員は、当該課程を有する学科等に籍を有する者でなければならない。教育学部の一部の教職課程について、専任教員数が不足しているように見受けられた。確認の上、速やかに是正するとともに、教職課程認定基準に定める必要専任教員を配置すること。

○　専任教員は、教科に関する科目と教職に関する科目各々に同一教員を含めることはできないため、確認の上、速やかに是正するとともに、教職課程認定基準に定める必要専任教員を配置すること。

○　教職課程認定基準において、専任教員は、「教科に関する科目」、「教職に関する科目」のいずれかの科目を担当する専任教員として取り扱うこととされているが、両方の科目で専任教員として位置付けられている教員がいるように見受けられた。確認の上、適正な配置を行うこと。

○　教職課程の必要配置専任教員について、適切に配置されていない状況が確認された。教職課程認定基準を満たすように速やかに是正すること。

○　生活創造学部観光文化学科の高一種免（地理歴史）と高一種免（公民）において、重複している専任教員がいるため、速やかに是正すること。

○　通信教育課程の高一種免（地理歴史）において、専任教員が1名不足しているため、是正すること。

○　「教職に関する科目」における必要配置専任教員について、1名不足しているように見受けられた。再度確認の上、教職課程認定基準を満たすように速やかに是正すること。

○　「教職に関する科目」を担当する専任教員数について、幼稚園の教職課程において教職課程認定基準を満たしていない点が確認されたため、速やかに基準を満たすよう、配置の見直しを行うこと。

○　子ども発達学科の幼稚園及び小学校の教職課程において、「教科に関する科目」と「教職に関する科目」の専任教員が、合計3人不足しているように見受けられるので、教職課程認定基準を満たすように速やかに是正すること。

○　商業の教職課程における「教科に関する科目」について、教職課程認定基準上、必要専任教員数が4名であるところ、3名しか配置されていない状況が確認されたため、速やかに是正すること。

○　栄養に係る教育に関する科目と教科又は教職に関する科目（小学校）の両方に定められている科目があるため、修正すること。

○　認定を受けようとする課程の担当教員のうち専任教員は、当該課程を有する学科等に籍を有する者でなければならない。経営情報学部経営情報学科及びマネジメントデザイン学科の教職課程について、**当該課程を有する学科等とは別の学科等に在籍する教員を専任教員として位置づけているように見受けられた**。確認の上、速やかに是正するとともに、教職課程認定基準に定める必要専任教員を配置すること。

○　認定を受けようとする課程の担当教員のうち専任教員は、当該課程を有する学科等に籍を有する者でなければならないこととなっている。しかし、幼稚園及び小学校の教職課程について、**当該課程を有する学科等とは別の学科等に在籍する教員を専任教員として位置付けているように見受けられた**。確認の上、速やかに是正するとともに、教職課程認定基準に定める必要専任教員を配置すること。

○　教職課程認定基準に定める必要専任教員数を下回っている教職課程や、教職通信教育の課程の特例の条件を満たしていない課程があることから、それらの課程については、速やかに教職課程認定基準を満たすように改善すること。

○　経済学部経済学科と同総合政策学科、商学部商学科と経営情報学科、外国語学部英米語学科と国際文化協力学科のそれぞれにおいて、専任教員が重複しているように見受けられた。学部所属の教員であっても教職課程認定上は認定単位ごとに振り分けて配置し、それぞれにおいて必要専任教員数を充足させることが必要である。学科によっては教職課程認定基準に定める必要専任教員数を下回ることから、確

認の上、速やかに是正すること。

○　教科に関する科目を担当する専任について、教職課程認定基準に定める必要専任教員数を下回っている課程や、**必ず一名以上置くこととしている専任「教授」が置かれていない課程がある**ことから、それら課程については、早急に基準を満たすよう改善すること。

○　専任教員の退職により、教職課程認定基準に定める必要専任教員数を下回っている課程については、速やかに必要教員数を満たすように努めること。

○　人間科学部心理学科の中学校及び高等学校教諭一種免許状（保健）の課程において、「教科に関する科目」の専任教員数が、教職課程認定基準上３人必要なところ、２人しか配置されていない。教職課程認定基準を正しく理解し、基準を満たすよう、速やかに改善すること。

○　教職に関する科目について、幼児保育学科、健康栄養学科それぞれで専任教員をおく必要があるところ、重複した教員を配置しているなど、教職課程認定基準における専任教員数を満たしていない状況が見受けられた。教職課程認定基準を正しく理解し、基準を満たすよう速やかに改善すること。

○　理工学部の「工業科」の３名の専任教員が、大学院の「理科」の課程の専任教員と重複している状況が判明した。教職課程認定基準上、大学の学科等が有する教職課程と大学院の研究科等が有する教職課程が同一である場合は、大学と大学院の専任教員を兼ねることが可能であるが、「理科」と「工業」の免許課程は同一ではないため、専任教員を兼ねることはできないことから、早急に教員組織の見直しを行うこと。

❷ 実地視察での指摘事項：他学科受講について

○　大学案内における取得可能な免許状の表記等の広報は認定を受けた学科のみとすること。

○　**他学科並びに他専攻で教職課程認定を受けている学校種及び教科の教員免許状が、教職課程認定を受けていない学科並びに専攻において、当然に取得できるかのように各学科に履修コースを設置し、教員免許状の取得を推進している状況が確認された**。教職課程は、定員を置く学科等ごとに認定を受けることが必要であり、各学科等の目的・性格と免許状の教科等との相当関係について審査の上、その学科等において免許状の教科等の専門性が担保されることが確認されて初めて認定されるものである。このような取扱いはできないため、速やかに是正すること。

○　**大学案内において、課程認定を受けていない学校種・教科の免許状についても、取得可能であるかのように広報されている状況が確認された**。教職課程は、各学科等の目的・性格と免許状の教科等との相当関係について審査の上、その学科等において免許状の教科等の専門性が担保されることが確認されて初めて認定されるものである。課程認定制度の趣旨に鑑みて、このような状況は適正とは言えないため、速やかに改めること。

○　学生向けの手引き（STUDY GUIDE、履修規程等）において、**認定を受けていない学科に所属する学生が、他の学科において認定を受けている免許状を取得することを積極的に促す旨の記載が見受けられた**

ため、記載方法を是正すること。

○　教職課程認定を受けていない免許状が取得可能と読み取れる広報を行っていることが確認されたため、大学案内及び学生便覧等における表記について精査いただきたい。

○　『学生募集要項』において、所属学科において課程認定を受けていない教科・学校種の教員免許状についても、取得できるかのように記載している状況が確認された。教職課程は、各学科等の目的・性格と免許状の教科等との相当関係について審査の上、その学科等において免許状の教科等の専門性が担保されることが確認されて初めて認定されるものである。課程認定制度の趣旨に鑑みて、このような状況は適正とは言えないため、速やかに改めること。

○　学生に配布している履修案内において、学科・免許状別に体系化されておらず、当該学科で課程認定を受けていない免許状についても取得可能であるかのように広報されている状況が確認された。教職課程は、各学科等の目的・性格と免許状の教科等との相当関係について審査の上、その学科等において免許状の教科等の専門性が担保されることが確認されて初めて認定されるものである。教職課程認定制度の趣旨に鑑みて、このような状況は適正とは言えないため、速やかに改めること。

○　課程認定を受けていない学科等に所属する学生が、教員免許状を取得できるかのように広報及び履修指導をしている状況が確認された。教職課程は、各学科等の目的・性格と免許状の教科等との相当関係について審査の上、その学科等において免許状の教科等の専門性が担保されることが確認されて初めて認定されるものである。課程認定制度の趣旨に鑑みて、このような状況は適正とは言えないため、速やかに改めること。

○　特別支援学校の教職課程について、一つの学科においてのみ認定をしているところであるが、他学部又は他学科等の学生の相当数が当該免許状を取得して卒業している状況が確認された。また、課程認定を受けていない学科等に所属する学生が、当該教員免許状を取得できるかのように広報及び履修指導をしている状況が確認された。課程認定制度の趣旨に鑑みて、このような状況は適正とは言えないため、速やかに改めること。

○　『2013大学案内』における人間科学部人間発達学科に置かれる2専攻の紹介において、課程認定を受けていない免許状についても、他専攻の科目を履修することにより、取得可能である旨の説明がなされている。教職課程は、各学科等の目的・性格と免許状との相当関係について審査の上、その学科等において免許状の教科等の専門性が担保されることが確認されて初めて認定されるものである。このような課程認定制度の趣旨を踏まえると、課程認定を受けていない免許状についてまで、他学科等の科目を履修することによって取得可能であることを大学案内において説明することは、大学の義務である「体系的な教育課程の編成」（教育職員免許法施行規則第22条）及び努力義務である「学生に対する適切な教職指導」（同規則第22条の2）の趣旨を没却する恐れが高いことから、記載内容を改善した上で、文部科学省に報告をすること。

○　学則をはじめ大学案内等に、当該学部で認定を受けていない免許状まで、取得できるような記載がなされていることから、速やかに訂正するとともに、訂正した学則、大学案内等を提出すること。

○　△△大学の通信教育部で科目等履修生として小学校教諭一種免許状を取得する「小学校教諭一種免許状取得プログラム」の学生に対しても教職教育センターによる手厚い指導がなされている点は評価できる。

❸ 実地視察での指摘事項：法令理解・ＦＤについて

○　2024 年度からの新カリキュラムに向けて、現行の問題点や課題点を洗い出すだけでなく**中教審等教育に関する動向を把握し、学校現場で求められている教員を養成できるよう学内で十分に検討し**、常に改善を図っていただきたい。

○　事務局職員と教員との連携・協力関係を築き、教員養成の維持向上に努めていただきたい。

○　教職教育の専任教員のみならず、教科専門の専任教員とも連携・協力関係を築き、教員養成の維持向上に努めていただきたい。

○　教職課程の質向上のための具体的な取組を行っている点は評価できる。ファカルティ・ディベロップメント等を通じ、**教職課程・免許法令に精通した事務組織の充実**も含め、更なる教職課程の充実・発展に取り組んでいただきたい。

○　ファカルティ・ディベロップメント等を通じて、教職課程におけるシラバスの内容を確認・充実させるとともに、教職課程認定規準等の規定の理解、及び教員養成の水準の維持・向上に努めていただきたい。

○　書類作成の不備や、施設・設備の不足など、国民から教員養成を委ねられた大学としての姿勢を根本から問われざるを得ない。他方、認定された免許種としては栄養教諭を除き全ての免許種をそろえていることから、高度専門職としての教員養成にふさわしい充実した組織・体制となるように全力で取り組んでいただきたい。

❹ 実地視察での指摘事項：その他

○　教員免許状の授与申請について、学生の個人申請に任せるのではなく、大学として教育委員会による大学一括申請の制度を活用するよう努めて頂きたい。

第7章

教職課程事務の学び方

教職課程にかかわる法制度とその制度改正

1　法律の構造を知ろう

　法令とは、一般には「法律」（国会が制定する法規範）と「命令」（政令、省令等国の行政機関が制定する法規範）の総称になります。法令には各種ありますが、制定権者及び形式的効力の上下関係を図で表すと図7-1のようになります。

1-1　憲　法
法令の頂点は、小学校社会から学んできたとおり「憲法」になります。

> **日本国憲法**
> （憲法の最高性と条約及び国際法規の遵守）
> 第98条　この憲法は、国の最高法規であつて、その条規に反する法律、命令、詔勅及び国務に関するその
> 　　　　他の行為の全部又は一部は、その効力を有しない。
> 2　（略）

　第98条の規定にしたがって、憲法は国の最高法規であり、憲法に反する法律等は認められません。また、最高法規であるため、改正手続きについても厳格に定められていることはご存じのとおりです。

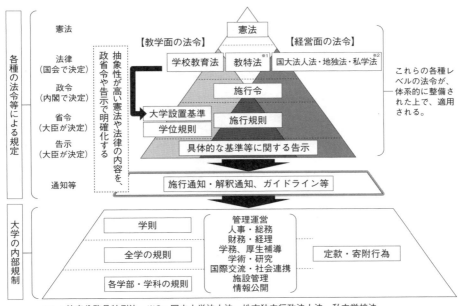

　※1：教育公務員特例法　※2：国立大学法人法、地方独立行政法人法、私立学校法

図 7-1　「大学のガバナンス改革の推進について」（審議まとめ）（平成 26 年 2 月 12 日 大学分科会）6 頁より

日本国憲法
（憲法改正の発議、国民投票及び公布）
第96条　この憲法の改正は、各議院の総議員の３分の２以上の賛成で、国会が、これを発議し、国民に提案してその承認を経なければならない。この承認には、特別の国民投票又は国会の定める選挙の際行はれる投票において、その過半数の賛成を必要とする。
2　憲法改正について前項の承認を経たときは、天皇は、国民の名で、この憲法と一体を成すものとして、直ちにこれを公布する。

1-2　法　律

憲法の次に位置づけられる法令が法律になります。

法律とは、「日本国憲法第41条」に規定されている「国権の最高機関であって、国の唯一の立法機関」である国会が、「憲法第59条」の手続きにより議決したものを指します。

日本国憲法
（国会の地位）
第41条　国会は、国権の最高機関であつて、国の唯一の立法機関である。

（法律の成立）
第59条　法律案は、この憲法に特別の定のある場合を除いては、両議院で可決したとき法律となる。
2　衆議院で可決し、参議院でこれと異なつた議決をした法律案は、衆議院で出席議員の３分の２以上の多数で再び可決したときは、法律となる。
3　前項の規定は、法律の定めるところにより、衆議院が、両議院の協議会を開くことを求めることを妨げない。
4　参議院が、衆議院の可決した法律案を受け取つた後、国会休会中の期間を除いて60日以内に、議決しないときは、衆議院は、参議院がその法律案を否決したものとみなすことができる。

1-3　政令・府令・省令

法律の次に位置づけられる法令が政令です。「政令」とは内閣が制定する命令になります。

日本国憲法
第73条　内閣は、他の一般行政事務の外、左の事務を行ふ。
1〜5　（略）
6　この憲法及び法律の規定を実施するために、政令を制定すること。但し、政令には、特にその法律の委任がある場合を除いては、罰則を設けることができない。

政令の次に位置づけられるのが府令・省令になります。「府令」とは内閣府が発する命令で、「省令」は各省大臣が発する命令です。教職課程事務では文部科学大臣が発する省令である「教育職員免許法施行規則」をよく参照します。

> 内閣府設置法
> （内閣総理大臣の権限）
> 第 7 条　（略）
> 2　（略）
> 3　内閣総理大臣は、内閣府に係る主任の行政事務について、法律若しくは政令を施行するため、又は法律若しくは政令の特別の委任に基づいて、内閣府の命令として内閣府令を発することができる。
> 4　内閣府令には、法律の委任がなければ、罰則を設け、又は義務を課し、若しくは国民の権利を制限する規定を設けることができない。
> 5〜7　（略）

> 国家行政組織法
> 第 12 条　各省大臣は、主任の行政事務について、法律若しくは政令を施行するため、又は法律若しくは政令の特別の委任に基づいて、それぞれその機関の命令として省令を発することができる。
> 2　各外局の長は、その機関の所掌事務について、それぞれ主任の各省大臣に対し、案をそなえて、省令を発することを求めることができる。
> 3　省令には、法律の委任がなければ、罰則を設け、又は義務を課し、若しくは国民の権利を制限する規定を設けることができない。

1-4　告　示

　告示とは、内閣総理大臣、各省大臣等が所属機関の所掌事務について、法律、政令、府令、省令の規定にもとづき、指定、決定などの処分その他の事項を外部に公示する形式のことをいいます。教職課程事務に関する最近の告示としては、「小学校及び中学校の教諭の普通免許状授与に係る教育職員免許法の特例等に関する法律施行規則附則第 2 項の規定により読み替えられた同令第 3 条第 1 項に規定する文部科学大臣が定める者」（令和 2 年 8 月 11 日文部科学大臣決定。令和 6 年 3 月 21 日最終改正。）があります。

> 内閣府設置法
> （内閣総理大臣の権限）
> 第 7 条　（略）
> 2〜4　（略）
> 5　内閣総理大臣は、内閣府の所掌事務について、公示を必要とする場合においては、告示を発することができる。
> 6・7　（略）

> 国家行政組織法
> 第 14 条　各省大臣、各委員会及び各庁の長官は、その機関の所掌事務について、公示を必要とする場合においては、告示を発することができる。
> 2　（略）

2 法令改正にかかわるさまざまな組織

　前節では「国会」「内閣」「各省」（教職課程事務に関しては「文部科学省」がほとんどです）など国家レベルで編成されている大きな組織がかかわる法律、政令・府令・省令・告示などについて簡潔に説明しました。それに加え、法令の改正にはこれらの組織を含むまだまだ多くの組織がかかわります。

　まず改正を提言する組織として審議会があります。「審議会」とは、大臣や長官から諮問された政策上の課題について調査や審議を行い、最終的に政策の提言をする組織です。審議会の政策提言には法的拘束力はありませんが、大臣や長官はその内容を参考に政策を決定し、法令の改正や告示などといった形で行政に反映することができます。審議会の委員は、当該分野の学術的な専門家や利害関係者から選任されます。

　一方で、教育に関する提言は、「中央教育審議会」で行われます[1]。「中央教育審議会」には複数の「分科会」があり、教員養成に関して扱うのは「初等中等教育分科会」です。さらに「初等中等教育分科会」のもとに「教員養成部会」が設置されています。「教員養成部会」が取り扱う事項は、「初等中等教育分科会運営規則第2条」に次のとおり定められています。

①教育職員の養成並びに資質の保持及び向上に関する重要事項
②免許法の規定に基づき中央教育審議会の権限に属せられた事項

　①については、教員養成政策に関する課題について検討し、制度改正の審議を行うという内容になります。最近では自己点検・評価の義務化に関する免許法施行規則の改正や、ガイドラインの策定等の制度設計に関することがあげられるでしょう。

　②については、教職課程認定の審査になります。課程認定申請の審査は、「教員養成部会」のもとに設置される「課程認定委員会」に付託されます（教職課程認定審査運営内規1 (3)）。

　「課程認定委員会」は、①教職課程認定の審査、②課程認定を受けた大学等の実地視察の実施、③課程認定を受けた大学等の課程の水準の維持及び向上に関する事項を扱います（初等中等教育分科会教員養成部会運営規則第2条）。「課程認定委員会」に対しては主に「教職課程認定申請の審査を行う組織」という印象がありますが、「法令改正にかかわる組織」としても機能しています。課程認定委員会の扱う事項として3つあげましたが、その3つ目について2018（平成30）年12月17日開催の課程認定委員会において次のような指摘がありました。

　「これまでの教職課程認定の審査等を踏まえ、本委員会としては、教職課程の水準の維持・向上及びその効果的・効率的な実施等を図る観点から、教職課程の基準に関し、特に以下の点を中心に検討を行うことが適当と考える。」というものです。ここで「複数の学科等間の複数の教職課程における授業科目の共通開設を拡大すること」、そして「課程認定後も全学的に教職課程の質を保証し、向上させるための継続的な仕組みを整えること」の2点について検討するよう指摘されました。

　この指摘を受け、教員養成部会での審議を経て、「共通開設の拡大」（2022（令和4）年7月28日認定基準改正）と2022（令和4）年4月1日からの「自己点検・評価の義務化」にいたりました。このように課程認定委員会も法令改正にかかわる提言を行うことがあります。そのため、「課程認定委員会」も法令改正にかかわる組織といえるでしょう。以上が法令改正にかかわる主な組織となります。

---

1) 小野勝士・村瀬隆彦・上西浩司・中井俊樹編（2014）『大学の教員免許業務Q＆A』170頁

3　制度改正のプロセス

3-1　法改正のプロセス

　制度改正を伴う場合、基本的に「免許法の改正」が行われます。制度改正といっても急に改正できるわけではありません。大きな改正には必ずそれに至るまでの予兆と議論があるものです。

　改正の際には、まず文部科学大臣から文部科学大臣の諮問機関である「中央教育審議会」に対して諮問がなされます。ここでは「現行免許法」（2019 年 4 月 1 日施行）への改正時のことをもとに説明していきましょう。

　2014（平成 26）年 7 月 29 日に、文部科学大臣から「これからの学校教育を担う教職員やチームとしての学校の在り方について」の諮問がなされ、「中央教育審議会 初等中等教育分科会 教員養成部会」において審議が重ねられました。そして 2015（平成 27）年 12 月 21 日に「これからの学校教育を担う教員の資質能力の向上について ～学び合い、高め合う教員育成コミュニティの構築に向けて～」という答申（以下「平成 27 年 12 月答申」という。）に至りました。この答申内容を受けて、文部科学省において法案作成作業に入り、内閣法制局の審査を経てまず閣議に諮られます。

　こうして「平成 27 年 12 月答申」を受けて作成された法律案（教育公務員特例法等の一部を改正する法律）は、2016（平成 28）年 10 月 18 日の閣議に諮られました。閣議決定がなされると内閣総理大臣から法律案が国会（衆議院または参議院）に提出されます。「教育公務員特例法等の一部を改正する法律」は 2016（平成 28）年 10 月 18 日の閣議で国会に提出することが決定され、衆議院に提出されました。

　法律案が提出された議院の議長はその法律案を、衆議院の場合は文部科学委員会に、参議院の場合は文教科学委員会に付託します。委員会で可決されると本会議に審議が移ります。そして、もう 1 つの議院（衆議院または参議院）に送付されます。送付を受けた議院においても、委員会での審議・可決及び本会議の審議・可決を経て成立します。この制定過程を経て、教育公務員特例法等の一部を改正する法律は 2016（平成 28）11 月 28 日に成立しました。法律の制定を受け、同日文部科学省初等中等教育局長名義にて改正を知らせる通知が発出されました。

　このように法律が変わる場合は、諮問・教員養成部会での審議・答申を経て、法律案が国会に提出されるという流れになります。教育公務員特例法等の一部を改正する法律の場合、改正までに約 2 年の歳月を要しています。審議過程は教員養成部会の傍聴・文部科学省のウェブサイトでの会議資料の公開がされています。衆議院・参議院のウェブサイトでは会議録や法律案を閲覧することができます。これらの情報を追っておくことで、今後予定される改正の内容が推測・想像できるようになるでしょう。そうしておけば改正法の成立を受けて発出された通知を見ても、学内にいち早く的確な情報を共有することで、組織として落ち着いた対応を行うことにつながるのではないでしょうか。

3-2　省令の改正

　教職課程事務で主に参照する省令は、「文部科学省令」になります。文部科学省令の中でももっともよく参照する省令が「免許法施行規則」です。省令の場合は文部科学大臣が制定するため、国会の審議はありません。そのため「パブリックコメント」により改正省令案と概要を国民に提示し、国民から意見を募集することにより、行政運営の公正さの確保と透明性の向上が担保されています。

　法律と同様で、制度の改正も段階を踏まなければなりません。これも、急に改正できるわけではありません。文部科学大臣から中央教育審議会への諮問、そして答申を受けて改正に至るものもあれば、教員養成部会での課題の検討の中で、免許法施行規則を変える必要があることが明らかになり、改正される場合もあるからです。まずは教員養成部会での審議・決定を経て、パブリックコメントに移ります。

　2022（令和 4）年 4 月 1 日から義務化された「教職課程の自己点検・評価」についてみてみましょう。

この義務化に向けての改正過程は次のとおりです。

　まず、平成27年12月答申が現行「免許法」（2019年4月1日施行）改正の契機となりました。2019（平成31）年3月にワーキンググループが設置され、教員養成部会での審議を経て、2020（令和2）年9月16日に教職課程の自己点検評価の仕組みの創設について審議・決定されました。その後、この制度改正を反映させた「教育職員免許法等の一部を改正する省令」についての「パブリックコメント」による意見募集が9月28日から10月27日まで行われ、2021（令和3）年5月7日にその結果が公表され、同日施行されたのです。この省令の制定を受けて、同日文部科学省総合教育政策局長名義にて改正を知らせる通知が発出されました。

　法律の場合と同様に、検討過程について資料も逐次公開されています。それらに留意することで今予定される改正の内容がわかるでしょう。

3-3　免許法と同法施行規則

　第1節の説明のとおり、法令の上下関係でいうと、「免許法」が上位で、省令である「免許法施行規則」は下位になります。「免許法」は法律ですので、改正にあたっては国会の議決が必要です。しかし、国会は決まった期間でしか開催されません。一方、「免許法施行規則」は省令のため、文部科学大臣の権限で改正できます。つまり、1年の間のどの時期においても改正が可能ということになるでしょう。

　制度の大枠のみ規定し、細部については省令で定めるというのが法律の仕組みです。免許法の条文でも「文部科学省令で定める」という文言がよくみられます。その部分については免許法施行規則に細部規定があるということを示しています。大学における「学則」と部局で定める「諸規則」の関係と同様でしょう。そのような形をとる理由は、細部まで上位の規定で定めると、状況に応じて柔軟に改正できなくなってしまうためです。

　「免許法」と「同法施行規則」は、免許状取得にあたって必要な「単位数」や「修得方法」について規定しています。一方、教職課程の開設および開設後の課程の維持にあたっての「必要最低開設単位数」や「必要最低教職専任教員数」については「教職課程認定基準」に規定されています。「免許状の取得方法に関することを確認したいのか」、あるいは「教職課程の開設および開設後の課程の維持についての規定を確認したいのか」によって参照する法令は異なってくるでしょう。

3-4　教職課程認定基準

　前項で説明しましたが、「教職課程認定基準」は「教職課程の開設」及び「開設後の課程の維持」にあたって、「必要最低開設単位数」や「必要最低教職専任教員数」を規定している基準になります。そして「教員養成部会」の審議・決定で改正が行われます。また、「課程認定委員会」は、教職課程の認定に係る審査にこの基準を適用するために必要な確認事項を定めることができると規定されています（認定基準1 (4)）。これに基づき、「課程認定委員会決定」で認定基準の細則となる「課程認定審査の確認事項」が定められているのです。

　前項で説明した「免許法」と「同法施行規則」の関係と同様に、教職課程の開設及び開設後の課程の維持に関する規定を確認するにあたっては、「認定基準」と「課程認定審査の確認事項」の両方を理解する必要があります。

3-5　行政解釈の通知

　「免許法」や「同法施行規則」、「認定基準」について改正が行われると、「改正通知」が発出されます。また、改正通知だけでは説明しきれない部分などについて「質問回答集（いわゆる解釈事例）」が示されます。

　特に現行法（平成 28 年改正法）下での単位修得や科目開設に関する質問回答集としては次の 3 つをおさえておく必要があります。

●経過措置等に係る質問回答集（平成 30 年 5 月 18 日）
●経過措置等に係る Q ＆ A 集（平成 31 年 2 月 5 日）
●教育職員免許法施行規則及び課程認定基準等の改正に関する質問回答集資料（令和 3 年 11 月 3 日）

　上記の 3 つ以外にも旧法（平成 10 年改正法）下での「質問回答集」も役に立つでしょう。大学教務実践研究会教員免許事務プロジェクトのウェブサイトでは、上記の 3 つの質問回答集を含め、多くの質問回答集の文書データを掲載しています。また、過去の改正通知も掲載していますので必要に応じて参照してください。

4　教職課程事務の学び方

4-1　教材となる書籍・専門誌
　教職課程事務や教職課程に関する書籍・専門誌はこれまで数多く刊行されています。それら書籍・専門誌を読んで体系的に知識を修得するという方法がまず第 1 です。主な書籍・専門誌について巻末に掲載しました。手に取ってご一読していただければと思います。
　書籍・専門誌以外に、「教員免許事務プロジェクト」というウェブサイトがあります（https://kyoumujissenn.com/menkyo/）。

　ここには過去の教職課程事務に関する勉強会資料や、第 3 節で紹介した質問回答集など多くの資料が掲載されています。教職課程事務で調べものをしたいときに参考となるでしょう。
　このように先人の知識と経験や教材から多くを学ぶことができます。それに加え、困ったときに相談しあえる人脈があれば申し分ありません。人脈を作るためには研究会に参加するのが最適です。

4-2　外部の研修や研究会に行ってみよう
　教職課程事務が難しく敬遠されがちな業務としてとらえられる理由として大きく次の 2 点があげられます。

①業務上必要とされる関係法令等に関する知識が膨大
　免許法をはじめ、同法施行規則や改正時の経過措置、条文に関する解釈事例の通知等には必要とされる知識が多く、また改正のたびに知識のアップデートが求められます。短い異動スパンの中でこれらを習熟するのは難しいのが現状でしょう。

②学内に相談できる同僚が少ない
　比較的規模の大きな大学を除いては、教職課程事務専任の担当者は 1 名もしくは 2 名という場合が多く、前任者しか相談する人いない場合があり、また、もしその前任者が退職、出向等で容易に連絡をとることができない状況であれば、苦労することになるでしょう。

　教職課程事務担当者にとって業務知識を得る手段を提供する場がSD（スタッフ・ディベロップメント）だとすると、学内でのSD活動だけでは限界があります。現状では外部の研修会に参加して知識や最新の情報を得るというのが主流になっています。前任者頼みのSDでは、前任者の経験の深さに左右され、今までに対応したことがない事例に誤った対応をすることもあるかもしれません。外部の研修会への参加が、学内の知識の蓄積だけでは不十分だった部分を補完することになるのです。

　書籍による学習は体系的な知識をインプットすることができますが、刊行時以降は改訂版が刊行されない限り情報のアップデートはありません。研修会では最近のトピックが扱われ、大学間のネットワーク形成も進めることができるというメリットがあり、SDの効果的な手助けとなります。

　コロナ禍以降、オンライン開催の研修会が主流となりました。オンライン開催のメリットとしては、インターネット接続可能な環境があれば、移動時間なくどこででも受講できるということがあげられます。主催団体によってはアーカイブ配信も行っている場合もありますので、対面参加と比べると研修会に参加するハードルがずいぶん下がりました。しかり、メリットばかりではありません。他大学の教職員にちょっとしたことを聞くことができない（しにくい）というのはオンライン開催の研修会のデメリットとしてあげられるでしょう。

　一方で対面の研修会での、教職員が切磋琢磨し合う雰囲気のなかで、業務への前向きな気持ちを培えることはメリットといえるでしょう。また、対面会場で知りあった教職員と新たなネットワークを構成することができ、困ったときにお互い相談しあうということもできます。予算の関係もあり、すべての研修会では難しいかもしれませんが、年に数回は対面で参加し、自身のモチベーションをあげたり、他大学教職員とネットワーク形成を行うとよいでしょう。

　教職課程事務担当者にとって、こういった外部の研修に参加し、そして研修後に書籍などを通して体系的に学習を行っていくことが、SD活動を進めるために現状としてもっとも効果的ではないでしょうか。

おわりに

　私が大学職員として初めて教職課程事務担当として過ごしたのは、2005年から2010年までの約5年間です。当時、私立大学職員が個人で教職課程事務を学ぶ場所といえば、地区ごとの小規模な活動を除けば、全私教協の免許事務検討委員会が開催する分科会ぐらいしかありませんでした。それから7年後、再び、教職課程事務担当となった2017年には、すでに本書の著者である小野勝士氏を中心に、教職課程事務はSD（スタッフ・ディベロップメント）として体系化され、名古屋大学高等教育研究センターの大学教務実践研究会を始め、京私教協教員免許事務勉強会、阪神教協教員免許事務セミナー、SPODフォーラムなど、多種多様で良質なコンテンツが用意されていました。たった7年間でこれほどまでに発展し、確立されていたことに、ただただ感動したことを覚えています。

　とはいえ、7年前と比べても、社会全体は格段に複雑化し変化しています。大学教育に携わる職員も劇的に高度な能力が求められるようになったといわざるを得ません。教職課程事務においても同様でしょう。度重なる法令改正に対応する力はもとより、高等教育の情報に対して業務との関連性を考察し、主体的に取り入れていく必要があります。そのようななかで、教職課程事務に関連する多種多様なSDコンテンツ、書籍等の充実は、どれだけ担当者の支えになったかわかりません。

　ただ、依然として「近くの同僚よりも遠くの他大学」（業務知識や理解のない同僚よりも、研究会などで知り合った遠くの他大学の職員の方が頼りになるという意味）という言葉が教職課程事務の間では、まことしやかにささやかれています。担当者の「お一人様」「ひとりぼっち」感覚は完全にぬぐわれたとは思えません。実際に「ほぼ、お一人様担当」の方も多いのではないでしょうか。小野勝士氏から本書のお誘いを頂いた際にイメージしたのは、「教職課程事務担当者一人ひとりに寄り添える一冊」でした。そのため事例についても、トラブルの内容と再発防止の知識という構成だけではなく、その背景や担当者の思いにも焦点を当てることにより、より共感を持って読んで頂けることを願って執筆したつもりです。

　本書を執筆するにあたり、谷崎潤一郎並みに遅筆である私に寄り添い、時に導き、大いなる心を持って接してくださった小野勝士氏と「文学部出身だからといってうまい文章が書けるわけではない」と言い訳ばかりしている根性なしの私にお付き合いくださり、適格なアドバイスをくださった先輩がたへこの場をお借りして、心より感謝を申し上げます。

　本書が全国の教職課程担当者に寄り添える一冊となること、また、研究会などで本書の事例についてのおまけの顛末をみなさんとお話できる日が来ることを楽しみにしております。

2024年4月16日

有馬 美耶子

参考書籍等

1. 教職課程事務全般

『教員を育て磨く専門誌［シナプス］SYNAPSE』（ジアース教育新社〈第 53 号まで〉、ジダイ社〈第 54 号から〉）
小野勝士「教職課程事務入門─教員免許事務とは、教職課程の運営とは─」
　　第 48 号（2016 年 2 月号）　第 1 回　大学における教職課程事務の位置付け
　　第 49 号（2016 年 3 月号）　第 2 回　担当者が知っておくべき教員免許制度（1）
　　第 50 号（2016 年 4 月号）　第 3 回　担当者が知っておくべき教員免許制度（2）
　　第 51 号（2016 年 6・7 月号）　第 4 回　担当者が知っておくべき教員免許制度（3）
　　第 52 号（2016 年 8・9 月号）　第 5 回　教職課程事務担当者の 1 年（1）
　　第 53 号（2016 年 10・11 月号）　第 6 回　教職課程事務担当者の 1 年（2）
　　第 54 号（2016 年 12・2017 年 1 月号）　番外編　実際にあったこんなこと
　　第 55 号（2017 年 2・3 月号）　第 7 回　教職課程の変更に関わる届出について
　　第 56 号（2017 年 4・5 月号）　第 8 回　学力に関する証明書（1）
　　第 57 号（2017 年 6・7 月号）　第 9 回　学力に関する証明書（2）
　　第 58 号（2017 年 8・9 月号）　第 10 回　カリキュラム編成の根拠（1）
　　第 59 号（2017 年 10・11 月号）　第 11 回　カリキュラム編成の根拠（2）
　　第 60 号（2017 年 12・2018 年 1 月号）　第 12 回　カリキュラム編成の根拠（3）
　　第 61 号（2018 年 2・3 月号）　第 13 回　カリキュラム編成の根拠（4）
　　第 62 号（2018 年 5 月号）　番外編　教職課程事務の学び方
　　第 63 号（2018 年 7 月号）　第 14 回　カリキュラム編成の根拠（5）
　　第 64 号（2018 年 9 月号）　最終回　教職課程事務担当者が教員養成に果たす役割
小野勝士「教職課程認定申請実務入門─課程認定申請とは─」
　　第 65 号（2018 年 11 月号）　第 1 回　課程認定申請の手引きの読み方
　　第 66 号（2019 年 1 月号）　第 2 回　教職課程の認定申請の流れ
　　第 67 号（2019 年 3 月号）　第 3 回　教員組織の編成
　　第 68 号（2019 年 5 月号）　第 4 回　教育課程の編成
　　第 69 号（2019 年 7 月号）　第 5 回　申請書作成全般について
　　第 70 号（2019 年 9 月号）　第 6 回　課程認定申請に向けた心がけ
　　第 71 号（2019 年 11 月号）　教員養成・最前線の取り組み─教職課程担当事務職員の S D の充実に向けた取り組み─
小野勝士「教育課程の変更届作成実務」
　　第 71 号（2019 年 11 月号）　前編
　　第 72 号（2020 年 1 月号）　後編
小野勝士「教職課程事務実務 事例研究─業務上想定される事例と対応策の検討─」
　　第 74 号（2020 年 5 月号）　第 1 回　履修指導
　　第 75 号（2020 年 7 月号）　第 2 回　学力に関する証明書①
　　第 76 号（2020 年 10 月号）　第 3 回　学力に関する証明書②
　　第 77 号（2020 年 12 月号）　第 4 回　学力に関する証明書③
　　第 78 号（2021 年 3 月号）　第 5 回　教育実習特例への対応
　　第 79 回（2021 年 6 月号）　第 6 回　科目等履修生の対応
　　第 80 回（2021 年 12 月号）　第 7 回　教員の養成の状況についての情報の公表
　　第 81 回（2022 年 3 月号）　第 8 回　自己点検・評価の実施にあたって
座談会
小野勝士、美納清美、山岸亮司、多畑寿城
　　第 64 号（2018 年 9 月号）教職課程の充実と教職課程事務の質の向上について
小野勝士、多畑寿城、根来美穂、有馬美耶子
　　第 78 号（2021 年 3 月号）教職課程担当事務職員の情報収集・力量形成について
多畑寿城「教職課程運営改善の視点─事務職員の立場で、何にどう取り組むか─」
　　第 73 号（2020 年 3 月号）　第 1 回　教職支援センター設置と運営体制①
　　第 74 号（2020 年 5 月号）　第 2 回　教職支援センター設置と運営体制②
　　第 75 号（2020 年 7 月号）　第 3 回　教職支援センター組織の改編と取り組み
　　第 76 号（2020 年 10 月号）　第 4 回　具体的な取り組み①
　　第 77 号（2020 年 12 月号）　第 5 回　具体的な取り組み②
　　第 78 号（2021 年 3 月号）　第 6 回　具体的な取り組み③
　　第 79 回（2021 年 6 月号）　第 7 回　具体的な取り組み④
　　第 80 回（2021 年 12 月号）　第 8 回　具体的な取り組み⑤
　　第 81 回（2022 年 3 月号）　第 9 回　教職課程の自己点検・評価と全学的に教職課程を実施する組織設置の義務化
　　　に向けて

新田正樹「教職課程の質的水準の向上」
　　第 11 号（2011 年 8 月号）　　第 1 回　教職課程の質的水準の向上と 18 年答申
　　第 12 号（2011 年 9 月号）　　第 2 回　教職実践演習・教職指導等と教育課程の体系化
　　第 14 号（2012 年 2 月号）　　第 3 回　教職実践演習と履修カルテ
　　第 15 号（2012 年 9 月号）　　第 4 回　「教職指導」・「教職課程科目の整合性・体系性」
　　第 16 号（2012 年 11 月号）　第 5 回　教育実習の改善・教員養成カリキュラム委員会の充実・教育課程の質の保証
新田正樹、松本眞「教職課程・課程認定制度の基礎」
　　第 17 号（2012 年 12 月号）　第 1 回　教員免許制度、教職課程・課程認定制度の概要
　　第 18 号（2013 年 2 月号）　　第 2 回　教職課程（1）「教職に関する科目」群
新田正樹、大畠啓子「教職課程・課程認定制度の基礎」
　　第 20 号（2013 年 4 月号）　　第 3 回　教職課程（2）「教科に関する科目」群
新田正樹、内場裕子「教職課程・課程認定制度の基礎」
　　第 28 号（2013 年 12 月号）　第 4 回　教職課程③教員組織・指導体制
教員免許制度研究会（2023）『教員免許制度の仕組みと実務―教職課程から新教員研修制度まで―』第一法規
小野勝士（2018）『教職課程事務入門 1』ジダイ社
小野勝士、周藤正樹（2019）『教職課程事務入門 2』ジダイ社
小野勝士、山田光子（2020）『教職課程事務入門 3』ジダイ社
小野勝士（2022）『教職課程事務入門 4』ジダイ社
小野勝士（2013）「「教職実践演習」新設に伴う「総合演習」の単位の取扱いに関する教員免許事務における 2013 年度以降の注意点について」『教師教育研究』第 26 号、pp. 65-74
小野勝士（2013）「学部事務室の職員に必要な教職課程に関する知識について」『法政大学教育研究』第 4 号、pp. 168-194
小野勝士（2014）「「福祉」の教科に関する科目の経過措置に関する履修指導及び教員免許事務の注意点について」『教師教育研究』第 27 号、pp. 85-93
多畑寿城（2011）「履修カルテの作成・運用について」『阪神教協リポート』No.34、pp. 22-26
教員の資質向上研究会編著（2017）『平成 28 年改正　教育公務員特例法等の一部改正の解説～学校教育を担う教員の資質能力向上をめざして～』第一法規
教員養成・免許制度研究会編（1991）『教員免許ハンドブック 1 法令・解説編』第一法規
教員養成・免許制度研究会編（1991）『教員免許ハンドブック 2 課程認定編』第一法規
シナプス編集部（2017）『教員養成・免許制度はどのような観点から構築されてきたか―制度の趣旨と方向性の考察―』ジダイ社
早田幸政編著（2020）『教員養成教育の質保証への提言―養成・採用・研修の一体改革への取組み―』ミネルヴァ書房
横須賀薫監修、渋谷治美、坂越正樹編著（2018）『概説 教職課程コアカリキュラム』ジダイ社

2. 課程認定申請・教職課程認定基準

加治佐哲也（2021）「教職課程の新たな基準について」『阪神教協リポート』No.44、pp. 37-49
根来実穂〈大阪工業大学〉（2021）「課程認定申請大学からの事例報告―指摘事項を中心に―」『阪神教協リポート』No.44、pp. 50-56
真野千尋〈神戸学院大学〉（2021）「課程認定申請大学からの事例報告―指摘事項を中心に―」『阪神教協リポート』No.44、pp. 57-64
村上諭司〈桃山学院教育大学〉（2021）「課程認定大学からの事例報告―指摘事項を中心に―」『阪神教協リポート』No.44、pp. 65-71
野田浩二〈大阪成蹊大学〉（2020）「課程認定大学からの事例報告―指摘事項を中心に―」『阪神教協リポート』No.43、pp. 79-85
坂本供美、宮内由佳〈神戸親和女子大学〉（2020）「課程認定大学からの事例報告―指摘事項を中心に―」『阪神教協リポート』No.43、pp. 86-91
浦田直樹〈摂南大学〉（2020）「課程認定大学からの事例報告―指摘事項を中心に―」『阪神教協リポート』No.43、pp. 92-99
多畑寿城〈神戸女子大学〉（2020）「課程認定大学からの事例報告―指摘事項を中心に―」『阪神教協リポート』No.43、pp. 100-106
高瀬小織〈神戸松蔭女子学院大学〉（2019）「課程認定大学からの事例報告―指摘事項を中心に―」『阪神教協リポート』No.42、pp. 81-88
長谷啓史〈四天王寺大学〉（2019）「課程認定申請について：指摘事項を中心に―四天王寺大学の場合―」『阪神教協リポート』No.42、pp. 89-99
山口礼華、福中知子〈武庫川女子大学〉（2019）「課程認定申請大学からの事例報告―指摘事項を中心に―」『阪神教協リポート』No.42、pp. 100-106

野田浩二〈大阪成蹊大学〉（2018）「課程認定申請大学からの事例報告―指摘事項を中心に―」『阪神教協リポート』No.41、pp. 61-66

西達也〈大阪産業大学〉（2017）「課程認定申請大学からの事例報告―指摘事項を中心に―」『阪神教協リポート』No.40、pp. 71-75

高瀬小織〈神戸松蔭女子学院大学〉（2017）「課程認定申請大学からの事例報告―指摘事項を中心に―」『阪神教協リポート』No.40、pp. 78-84

松岡薫〈姫路獨協大学〉（2017）「課程認定申請大学からの事例報告―指摘事項を中心に―」『阪神教協リポート』No.40、pp. 85-90

長崎正巳〈大阪体育大学〉（2016）「課程認定申請大学からの事例報告～指摘事項を中心に～」『阪神教協リポート』No.39、pp. 64-70

下山貴広〈大阪樟蔭女子大学〉（2015）「課程認定申請大学からの事例報告～指摘事項を中心に～」『阪神教協リポート』No.38、pp. 87-96

奥田晃子〈帝塚山学院大学〉（2015）「課程認定申請大学からの事例報告～指摘事項を中心に～」『阪神教協リポート』No.38、pp. 97-99

小野勝士（2014）「今後の課程認定申請における課題について」『東海北陸教師教育研究』第 28 号、pp. 25-30

松宮慎治（2014）「課程認定申請大学からの事例報告①～神戸学院大学の指摘事項を中心に～」『阪神教協リポート』No.37、pp. 82-90

阿蘇さやか（2014）「課程認定申請大学からの事例報告②～関西大学の指摘事項を中心に～」『阪神教協リポート』No.37、pp. 91-98

境健太〈近畿大学〉（2014）「課程認定申請大学からの事例報告③～本年度大学院専修免許状申請について～」『阪神教協リポート』No.37、pp. 99-108

根来実穂〈摂南大学〉（2014）「課程認定申請大学からの事例報告④～摂南大学の指摘事項を中心に～」『阪神教協リポート』No.37、pp. 109-111

多畑寿城〈神戸女子大学〉（2014）「課程認定申請大学からの事例報告⑤～「学位プログラムと教職課程との相関関係」を中心に～」阪神教協リポート』No.37、pp. 112-114

荒木邦広〈関西学院大学〉（2013）「課程認定申請大学報告～指摘事項を中心に～」『阪神教協リポート』No.36、pp. 87-96

新谷隆之〈芦屋大学〉（2013）「平成 24 年度課程認定申請大学からの事例報告」阪神教協リポート』No.36、pp. 97-104

大須賀久範、宮川充司（2013）「教職課程認定基準からみた私立大学教育学部の教職課程」『椙山女学園大学教育学部紀要』第 6 号、pp. 267-282

大須賀久範（2012）「課程認定申請に係る諸問題について」『東海教師教育研究』第 26 号、pp. 20-26

野田育宏（2012）「課程認定申請大学からの事例報告―神戸常盤大学の場合」『阪神教協リポート』No.35、pp. 71-87

『阪神教協リポート』はウェブサイト上で閲覧可能です。（https://www.hanshinkyokyo.jp/hansin_report/hansin_report.html）

3. 実地視察

伊藤博〈大手前大学〉（2014）「実地視察大学からの事例～指摘事項を中心に～」『阪神教協リポート』No.37、pp. 73-81

尾内里江（2014）「椙山女学園大学における教職課程認定大学の実地視察」『東海北陸教師教育研究』第 28 号、pp. 41-46

尾内里江・大森隆子（2013）「教職課程認定大学実地視察―東海地区の私立大学における一事例『椙山女学園大学教育学部紀要』pp. 259-266

大江篤〈園田学園女子大学〉（2013）「実地視察大学からの事例報告～園田学園女子大学～」『阪神教協リポート』No.36、pp. 75-81

奥田晃子〈帝塚山学院大学〉（2013）「実地視察大学からの事例報告―指摘事項を中心に―」『阪神教協リポート』No.36、pp. 82-86

中嶋佐恵子〈姫路獨協大学〉（2016）「実地視察大学からの事例報告～指摘事項及び事後報告書を中心に～」『阪神教協リポート』No.39、pp. 55-63

田頭和世（2014）「教職課程認定大学 7 実地視察」『東海北陸教師教育研究』第 28 号、pp. 31-39

田中耕二郎〈追手門学院大学〉（2015）「教職課程の実地視察を受けて」『阪神教協リポート』No.38、pp. 80-86

4. 教育実習

吉田武男、三田部勇編著（2023）『MINERVA はじめて学ぶ教職（吉田武男監修）17 教育実習』ミネルヴァ書房

真宮美奈子（2023）『ポイントとワークシートでよくわかる！保育実習日誌・指導計画の書き方＆考え方』明治図書

遠藤愛、宇田川和久、髙橋幸子編著（2022）『特別支援学校 教育実習ガイドブック―インクルーシブ教育時代の教員

養成を目指して―』学苑社
堂前直人（2021）『先生のタマゴ必携 教育実習パーフェクトガイドBOOK』学芸みらい社
玉川大学教師教育リサーチセンター編（2020）『小学校・中学校・高等学校版 教育実習ガイド～夢に向かって自分で考える力を生み出す～』時事通信社
加藤茂夫、杉山敏、荒木美恵子（2020）『英語科教育実習ハンドブック第4版』大修館書店
齋藤政子、石田健太郎、西垣美穂子、井上宏子編著（2020）『これ一冊で安心 実習ガイドブック―保育所実習・施設実習・幼稚園実習・介護等体験に役立つ―』新読書社
石橋裕子、梅澤実、林幸範編著（2019）『平成29年告示小学校学習指導要領対応　小学校教育実習ガイド』萌文書林
小林隆、森田真樹編著（2018）新しい教職教育講座　教職教育編（原清治、春日井敏之、篠原正典監修）13『教育実習・学校体験活動』ミネルヴァ書房
土井進（2017）『テキスト 中等教育実習「事前・事後指導」―教育実習で成長するために―』ジダイ社
小山茂喜（2018）『よくわかる教職シリーズ　教育実習安心ハンドブック』学事出版
宮崎猛、小泉博明（2015）『教育実習完璧ガイド』小学館

5. 介護等体験

現代教師養成研究会編（2020）『教師をめざす人の介護等体験ハンドブック 五訂版』大修館書店
社会福祉法人東京都社会福祉協議会編（2022）『社会福祉施設　介護等体験マニュアルノート　2022年12月改訂版』
社会福祉法人全国社会福祉協議会編（2018）『よくわかる社会福祉施設―教員免許志願者のためのガイドブック―第5版』
庄司和史（2018）『よくわかる教職シリーズ　介護等体験安心ハンドブック』学事出版
全国特別支援学校長会（2014）『フィリアⅡ　介護等体験 ルールとマナー』ジアース教育新社
全国特別支援学校長会、全国特別支援教育推進連盟編著（2020）『特別支援学校における介護等体験ガイドブック 新フィリア―豊かでかけがえのない体験を得るために―』ジアース教育新社
徳田克己、名川勝編（2002）『介護等体験の手引き―介護・介助の基本技術と体験のポイントを完全網羅―』協同出版

編著者プロフィール

小野 勝士［おの・まさし］
龍谷大学社会学部教務課員。関西学院大学大学院法学研究科博士課程前期課程を修了し、2001 年に龍谷大学に入職後、教学部、財務部、文学部教務課、世界仏教文化研究センター事務部、研究部を経て 2020 年 7 月から現職。「教職課程事務入門」シリーズの編著者。ほかにも『大学の教員免許業務Ｑ＆Ａ』（共著）、『教職課程再課程認定申請に生かす「変更届」作成のポイント』（共著）などの著書がある。教職課程事務関連の勉強会等において多数の報告・発表の実績を持つ。名古屋大学高等教育研究センター教務系 SD 研究会・大学教務実践研究会代表。愛媛大学教育・学生支援機構教育企画室プロジェクトフェロー。
第 1 章（解説部分）、第 2 章（解説部分）、第 5 章、第 6 章、第 7 章、教職課程事務用語、参考文献　担当

有馬 美耶子［ありま・みやこ］
白百合女子大学教務部教務課長代理。白百合女子大学卒業後、ＩＴ企業にシステムエンジニアとして勤務、通信・金融系システムの開発業務に従事した後、2005 年白百合女子大学入職。教務系部署にて教職課程事務を含む資格課程事務に従事。同大学附属図書館勤務を経て 2017 年から現職。
第 1 章（事例部分）、第 2 章（事例部分）、第 3 章、第 4 章　担当

作成協力者
青山 知 （白鴎大学）／石樽 三鈴（中部大学）／遠藤 拓実（山梨県立大学）／大島 文絵（青山学院大学）／木谷 法子（大阪体育大学）／斎藤 美雄（札幌学院大学）／島田 知明（津田塾大学）／武田 邦宏（東京学芸大学）／多畑 寿城（神戸女子大学・神戸女子短期大学）／根来 実穂（摂南大学）／藤井 恭介（名寄市立大学）／横田 英治（白百合女子大学）

事例から学ぶ、事例でわかる大学教職課程事務
複雑化・多様化に悩める担当者のための必携ハンドブック

2024 年 5 月 15 日　初版第 1 刷発行

編著者　小野 勝士
編著者　有馬 美耶子
発行者　中西 良
発行所　株式会社ナカニシヤ出版
☎ 606-8161　京都市左京区一乗寺木ノ本町 15 番地
Telephone　075-723-0111
Facsimile　075-723-0095
Website　http://www.nakanishiya.co.jp/
Email　iihon-ippai@nakanishiya.co.jp
郵便振替　01030-0-13128

装幀＝白沢 正／印刷・製本＝ファインワークス
Copyright © 2024 by M. Ono & M. Arima
Printed in Japan.
ISBN978-4-7795-1806-5